Vera König

… und morgen wird alles anders

Vera König

... und morgen wird alles anders

Autobiographie einer Frau,
deren Mutter am
sogenannten Vermüllungssyndrom leidet

edition fischer
im
R. G. Fischer Verlag

Die Deutsche Bibliothek – CIP-Einheitsaufnahme

König, Vera:
… und morgen wird alles anders : Autobiographie einer Frau, deren Mutter am sogenannten Vermüllungssyndrom leidet / Vera König. – Frankfurt/Main : R. G. Fischer, 1999
(Edition Fischer)
ISBN 3-89501-769-8

Orber Straße 30, D-60386 Frankfurt/Main

Schriftart: Palatino 9' n
Herstellung: KN / DD
Umschlaggestaltung: Beate Kurowski
Printed in Germany
ISBN 3-89501-769-8

Verurteile nicht, was Du nicht verstehst,
Du hast nie in den Schuhen dieses Menschen gestanden!

Danksagung

Tante Hilde:
Ich habe es Dir schon einmal schriftlich gegeben, und ich tue es wieder: Du bist und bleibst der wichtigste Mensch in meinem Leben, und ich werde Dir nie vergessen, was Du für mich getan hast. Ohne Dich wäre ich nicht der Mensch, der ich heute bin, und das ist einzig und alleine Dein Verdienst. Ich danke Dir!

Daniela (meine Schwester):
Mit Dir konnte ich schon immer über alles reden, und ich bin froh, daß wir uns „wieder gefunden" haben. Ich hoffe, Du schickst mich jetzt nicht mehr auf die „Couch", denn ich weiß, daß Du Dir ernsthaft Sorgen gemacht hast. Dir möchte ich noch sagen: Bleib, wie Du bist!

Andrea:
Es bedeutet mir sehr viel, daß wir uns nach all den Jahren immer noch so gut verstehen. Ich hoffe, ich kann bald eine berühmte Sängerin meine Freundin nennen! Alles Gute für Deine weiteren Pläne (Thomas würde sagen: „You can win, if you want.").

Dr. E.:
Sie haben mir immer wieder gezeigt, daß ich mehr an mich denken muß und darin letztendlich die Ursache meiner Krankheit liegt. Ihr Rat, mein Problem auf diese Weise zu lösen, war richtig - danke dafür!

Mike W.:
Du warst von Anfang an begeistert von meinem Plan, eine Autobiographie zu schreiben. Danke, daß Du mich so tatkräftig unterstützt hast!

1

Bis heute ist es mir unbegreiflich, wie ein Mensch es soweit kommen lassen kann, daß seine Wohnung zu einer einzigen Müllhalde wird. Meine Mutter hat einfach alles, was für jeden normalen Menschen Müll ist, wie einen kostbaren Schatz gesammelt. Man bezeichnet dieses Verhalten als sogenanntes Vermüllungssyndrom, und es ist eine Psychokrankheit, die damit erklärt wird, daß solche Menschen sich an Gegenstände klammern, weil sie niemanden haben, bei dem sie Halt finden. Diese Sammelsucht dient als Ersatz für fehlende soziale Kontakte. Ob diese Erklärung auch auf meine Mutter zutrifft, wage ich - zumindest zu Beginn ihrer Sucht - zu bezweifeln.
Ich weiß nicht genau, wann sie angefangen hat, derart faul zu werden, aber heute glaube ich, daß jeder in ihrem Umfeld seinen Teil dazu beigetragen hat. Von frühester Kindheit an wurde ihr alles abgenommen. Da sie ein sogenannter „Nachzügler" war, wurde sie von allen verwöhnt, und auch später war immer jemand für sie da, der ihr unangenehme Sachen abnahm. Als sie dann - sehr spät - auf sich selbst gestellt war, ist ihr einfach alles über den Kopf gewachsen.

Damals wurde sie als letzte von vier Mädchen geboren, und meine Oma war schon 45 Jahre alt. Zunächst brachte sie Änni, dann meine Patentante Hildegard, genannt Hilde, darauf Inge und schließlich meine Mutter Annemie zur Welt. Mein Opa hatte gehofft, daß nach drei Töchtern nun endlich der ersehnte Sohn das Licht der Welt erblickte. Aber auch diesmal sollte es wieder „nur" ein Mädchen sein, und er war zunächst doch sehr enttäuscht.
Da meine Oma schon während der Schwangerschaft mit meiner Mutter sehr krank war - man dachte zunächst gar nicht an eine Schwangerschaft, sondern vielmehr an eine Geschwulst -, wuchs meine Tante Hildegard schon früh in die Rolle des „Mädchens für alles".
Die beiden anderen Geschwister, Änni und Inge, waren der Meinung, die Versorgung des Haushaltes sei nicht ihre Aufgabe. Schon immer hieß es, daß Tante Hilde dieses oder jenes machen sollte, da sie es ohnehin am besten könne - die beiden anderen stellten sich immer dumm. Sie kochte sogar für alle Geschwister, und jeder nahm das als selbstverständlich hin. Auch als sie ihren späteren Mann Karl-Heinz kennenlernte und sie verheiratet waren, übernahm sie neben ihrem eigenen Haushalt noch den ihrer Eltern.
Meine Oma hatte mit ihrer jüngsten Tochter Annemie nicht nur eine äußerst schwere Schwangerschaft, sie wurde auch schon sehr früh von ihr böse behandelt. Als meine Oma in den ersten Jahren nach der Ge-

burt von Annemie noch nicht bettlägerig war, mußte sie sich jeden Morgen vor ihr verstecken, denn Annemie war äußerst frech, und daher übernahm mein Opa die Versorgung der Jüngsten. Als auch mein Opa nicht mehr die nötige Kraft hatte, schlüpfte meine Tante Hilde vollends in die Rolle der Mutter für ihre jüngste Schwester.
Sie nahm sie auch überall mit hin, so daß Karl-Heinz zuerst glaubte, es sei ihre Tochter. Man muß dazu sagen, daß der Altersunterschied zwischen meiner Tante und meiner Mutter 17 Jahre beträgt und der Gedanke meines Onkels daher nicht so abwegig war.
Nachdem meine Tante Hilde und Karl-Heinz geheiratet hatten, kümmerte man sich im wahrsten Sinne des Wortes gemeinsam um meine Mutter. Sie war schon von Anfang an sehr von meinem Onkel beeindruckt, so daß sie den beiden oft sagte, ihr eigener Mann müsse später einmal genauso sein. Onkel Heinz hat eine ganze Menge für sie getan. Nachdem sie die Lehre in einer Drogerie unterbrochen hatte, sorgte er dafür, daß sie eine Stelle im Textilbereich bekam, in dem auch mein Onkel tätig war. Dort faßte sie jedoch erneut keinen Fuß und kehrte daher zu ihrer alten Lehrstelle zurück, deren Abschlußprüfung sie jedoch nicht bestand. Man bat meinen Onkel damals: „Sie haben sie uns gebracht, bitte nehmen Sie sie auch wieder zurück." Im Anschluß daran arbeitete sie bis zu ihrer Schwangerschaft als Verkäuferin in einem Schuhgeschäft.
Während dieser Jahre kam es des öfteren vor, daß Annemie bei ihrer Schwester und ihrem Schwager schlief. Schon damals hielt sie nicht besonders viel von Körperpflege, denn die Handtücher, die Tante Hilde ihr dann bereitlegte, lagen am nächsten Tag noch genauso an ihrem Platz. Darauf angesprochen, nicht zuletzt weil sie ihre Spuren von Makeup am Kissen hinterlassen hatte, behauptete sie steif und fest, geduscht zu haben, obwohl die Handtücher absolut trocken waren!
Wenn Annemie eines schon von jeher konnte, dann war es lügen - das hat sie bis heute nicht abgelegt. Selbst wenn man sie der Lüge überführt, bleibt sie stur und behauptet immer noch das Gegenteil. Ein untrüglicher Beweis für ihre Lüge ist jedoch dann ihr *plötzlich* auftretender Husten, das Beißen an der Unterlippe, oder aber sie wird dann ganz still und fängt ein anderes Thema an.

1968 lernte meine Mutter meinen Vater Ludger kennen. Da beide nicht so recht wußten, wie man eine Heirat mit den nötigen Papieren durchführt, besorgte meine Tante Hilde alle Unterlagen und schaffte es, die beiden zu vereinen, ehe ich auf die Welt kam. Am Hochzeitstag fragte meine Tante meinen Vater, ob er denn jetzt glücklich sei, und er meinte nur, daß er in jedem Fall geheiratet hätte, auch wenn er meine Mutter nicht kennengelernt hätte, „dann wäre es eben eine andere gewesen".

Es stellte sich nämlich heraus, daß mein Vater mit einem Nachbarn, der im gleichen Haus wohnte, gewettet hatte, daß er - noch bevor das Jahr zu Ende ging - verheiratet sein würde und ein Kind bekäme. Er wußte auch immer, das sagte er mir auch noch später, daß er eine Tochter haben würde, die Vera hieße, denn er war ein großer Fan von Vera Tschechowa und trug auch immer ein Foto von ihr in seiner Geldbörse. Ich schätze, an meinem Vater ist ein richtiger *Wahrsager* vorbeigegangen!
Übrigens hätte er mich, wenn ich ein Junge geworden wäre, in ein Heim gesteckt, denn mit einem Jungen hätte er nichts anfangen können. Diesen idiotischen Ausspruch erzählte er mir, als ich noch sehr jung war, und ich hatte nichts Besseres zu tun, als ihm zu entgegnen, daß ich, wenn ich selbst einmal einen Sohn bekäme, das gleiche tun würde. Heute kann ich mich nur an den „Kopf fassen", wie ein Vater es fertigbringt, seinem Kind so etwas zu sagen, aber damals war ich irgendwie stolz, daß ich seine Tochter war, und es kam mir tatsächlich vor, als hätte mein Vater das alles ganz genau geplant.
Mein Vater verließ dann, noch bevor die Hochzeitsfeier richtig zu Ende war, den Ort des Geschehens, weil man ihm *dummerweise* anbot, zu den Eltern seiner Braut „Vater" und „Mutter" sagen zu dürfen. Aus welchem Grund auch immer ließ er daraufhin meine Mutter und alle Gäste tatsächlich sitzen und tauchte erst am nächsten Tag wieder auf. Meine Mutter, die ja schon hochschwanger war, wollte daraufhin mit dem Freund meines Vaters nach Hause gehen. Meine Tante Hilde konnte das dann aber noch verhindern, um die Katastrophe nicht perfekt zu machen.

Nach der Heirat zog meine Mutter in die Wohnung meines Vaters, der auf der anderen Rheinseite wohnte. Die Wohnung war sehr karg eingerichtet. Wenn man hineinkam, trat man in einen sehr langen Flur, an dessen rechter Seite das Wohnzimmer lag. Dort stand links an der Wand eine große beige Couch mit zwei Sesseln und einem Tisch, und geradeaus konnte man vom Fenster aus auf die Straße sehen. Rechts vom Fenster war ein Phonoschrank, auf dem ein Radio mit Plattenspieler stand und in dem er Platten aufbewahrte. Rechts von der Türe stand in der Ecke ein Kohleofen, der aber kaum benutzt wurde. Solange ich denken kann, wurde dieses Zimmer, besser gesagt die gesamte Wohnung, nie verändert - lediglich der Plattenspieler und das Radio wurden immer wieder durch neue Geräte ersetzt. Im gesamten Flur hingen Bilder mit Zeitungsausschnitten, auf denen unter anderem mein Vater zu sehen war, der früher einmal Profi-Radrennfahrer war und sogar mit den ganz Großen dieses Sports zusammen Rennen gefahren war. Wenn man den Flur dann links entlangging, der lediglich ein kleines Schränkchen und

eine Garderobe beinhaltete, lag links ein kleines Badezimmer mit Toilette und Badewanne, und geradeaus ging es in die Küche, durch die man ins Schlafzimmer gelangte. In der Küche war direkt hinter der Türe ein größerer Schrank, in dem immer zwei Propangasflaschen aufgehoben wurden, die den Gasherd speisten. Meine Tante und mein Onkel haben meinen Vater mehrmals gebeten, diese Flaschen aus der Wohnung zu schaffen, da sie eine große Gefahr darstellen würden, aber er weigerte sich. An diesen Schrank anschließend stand der Gasherd, und dann folgte ein Kohleofen. Links von der Türe stand dann die Spüle und daran anschließend der Küchentisch. Auf der gegenüberliegenden Seite, die Wand an Wand mit dem Schlafzimmer lag, standen der Kühlschrank und ein Küchenschrank. Im Schlafzimmer gab es lediglich einen großen Kleiderschrank, ein Doppelbett und an jeder Seite ein Nachtkommödchen mit einer Lampe darauf. An der Wand vor dem Bett hing immer ein Kalender mit Frauen, die recht „wenig" anhatten. In der Küche hatte er auch immer einen solchen Kalender, der jedoch etwas harmloser war. Die Wohnung war schon immer sehr karg und überhaupt nicht gemütlich eingerichtet. Da meine Mutter keine eigenen Möbel hatte, die sie mitbringen konnte, mußte sie sich mit der Wohnung, so wie sie war, begnügen.
Die Fenster und besonders die Fensterrahmen wurden auch nicht besonders oft geputzt, obwohl mein Vater doch Gebäudereiniger war. Seine eigenen Fenster waren ihm jedoch völlig egal, und wem es nicht paßte, „der brauchte ihn nicht zu besuchen". Meine Mutter lernte dann auch recht schnell die Macken meines Vaters kennen. Er aß zum Beispiel nur Brotscheiben, die so dünn geschnitten waren, daß man schon fast dadurch hätte lesen können. Waren sie einmal dicker geschnitten, mußte sie diese selber essen.

1969 wurde ich geboren. Mein Vater war schon mächtig stolz, aber er konnte noch nicht recht viel mit mir anfangen.
Er verdiente als Gebäudereiniger sehr gut, aber meiner Mutter gegenüber war er geizig in bezug auf Geld. Er gab ihr nur das Nötigste, und der Kauf jeglicher Art von Spielzeug für mich war ihr strengstens untersagt. Mein Vater stand auf dem Standpunkt, er habe als Kind „so etwas" nicht gehabt, also würde sein Kind das auch nicht brauchen. Wenn meine Mutter mir doch etwas gekauft hatte, mußt sie ihn jedesmal anlügen und sagen, meine Tante Hilde habe das für mich mitgebracht.

Als ich etwa zweieinhalb Jahre alt war, stellte man bei mir eine Hüftluxation fest, und ich wurde nach circa achtstündiger Operation in ein Gipsbett gelegt. Bei diesem Eingriff wurden erstmalig zwei Opera-

tionen in einer gemacht, das heißt, man hätte sie normalerweise in einem Abstand von etwa 15 Jahren durchgeführt. Ich war für ein halbes Jahr von den Zehenspitzen an bis zum Oberbauch eingegipst. Zunächst war ich im Krankenhaus, und meine Mutter, meine Tante und mein Onkel besuchten mich regelmäßig. Erst muß ich immer furchtbar gebrüllt haben, wenn meine Mutter wieder wegging, später habe ich ihr jedoch immer hinterhergewinkt, denn ich war logischerweise immer mehr auf die Kinderkrankenschwester fixiert. In diesem Gipsbett konnte meine Mutter mich später mit nach Hause nehmen. Sie mußte mich bis in den dritten Stock tragen, und das war weiß Gott nicht gerade leicht - dabei halfen ihr oft Mitbewohner. Mein Vater, der mit einem so kleinen Kind, das noch nicht einmal richtig sprechen konnte - jetzt auch noch krank war -, nichts anfangen konnte, fuhr einfach in Urlaub. Er flog in die Karibik und stellte meine Mutter vor vollendete Tatsachen, mit der Begründung, er brauche seinen Urlaub und sie könne sich ja auch alleine um mich kümmern. Er besaß die Frechheit und schrieb sogar eine Karte! Ich schätze, sein Egoismus war auch der Hauptgrund für die spätere Scheidung.
Meine Mutter hält mir übrigens heute noch vor: „Wer ist denn damals mit dir zum Arzt gegangen? Wer hat denn dafür gesorgt, daß du operiert wurdest? Ich war das, denn dein Vater hat sich nicht darum gekümmert!" Ich antwortete ihr dann nur, wenn ich hätte sprechen und laufen können, wäre ich selbst gegangen. Ich begreife nicht, wie sie mir so etwas vorhalten kann, denn es ist doch mehr als selbstverständlich, das Beste für sein Kind zu tun - koste es, was es wolle. Durch die Operation kann ich heute ein normales Leben führen, aber soll ich ihr dafür ein Leben lang dankbar sein? Ist es nicht ihre Pflicht gewesen, dafür zu sorgen, daß mir die bestmögliche Behandlung zuteil wurde?

Nachdem meine Hüfte ausgeheilt war, mußte ich neu laufen lernen. Jetzt kam die Zeit, wo ich auch für meinen Vater interessanter wurde. Meine Mutter hat mir oft erzählt, daß er zum Beispiel nachts im Halbschlaf seine Nachttischlampe neben sich ins Bett gelegt hat und sich bis zum Morgen nicht mehr traute, sich zu bewegen, weil er dachte, ich läge neben ihm. Wenn meine Mutter ihn dann morgens auf die Lampe in seinem Bett ansprach, war er wütend über sich selbst, daß ihm so etwas überhaupt passieren konnte. Wenn sie mir das erzählte, fand ich es immer ganz toll, daß mein Vater sich so rücksichtsvoll verhalten hatte, nur weil er dachte, ich läge neben ihm.
Meine Mutter erzählte mir auch oft, daß mir eine Freundin von ihr beigebracht hatte, wie ich mich aus dem Laufstall fallen lassen konnte. Wenn ich das dann tat und erwartungsvoll auf der Erde lag, meinte sie nur: „Das gefällt der Mama nicht!" Fortan ließ ich es bleiben. War ich

einmal frech, sagte sie immer, ich solle so lange ins Schlafzimmer gehen, bis ich wieder lieb sei. Kurz darauf kam ich heraus, und alles war wieder in Ordnung. Ich kann mich in dieser Zeit wirklich nicht erinnern, daß sie mich jemals geschlagen hat.
Das änderte sich erst, als ich mit ihr in die 2-Zimmer-Wohnung zog. Wenn ich zum Beispiel aus dem Kindergarten ein neues „tolles“ Wort mit nach Hause brachte und ihr die Argumente ausgingen, nahm sie einen Kochlöffel zur Hand, mit dem sie mir auf die Beine schlug.
Ein anderes Mal kam eine Freundin meiner Mutter mit ihrem Sohn zu Besuch. Ich spielte mit dem Jungen und lief dabei in der Küche gegen den Türrahmen. Natürlich begann ich lauthals zu brüllen, und die Freundin meinte nur lapidar, ich hätte durch den Aufprall lediglich Nasenbluten bekommen. Meine Mutter erwiderte darauf, ob sie denn nicht sehen würde, daß das Blut von der Stirn her käme. Sie fuhr dann sofort mit mir zu einem Arzt, wo die Wunde geklammert wurde und letztendlich eine Narbe zurückblieb. Böse Zungen behaupten heute scherzhaft: „Ach, jetzt wissen wir auch, wodurch du so ‚gestört‘ bist!“ Das große Pflaster auf der Stirn begleitete mich dann noch eine ganze Zeit, und ich habe noch Photos, auf denen ich vor dem Weihnachtsbaum stehe und dazu dann noch auf Kommando eine Schnute ziehe - was ich damals besonders gut konnte.

Die Hauptbeschäftigung meiner Mutter war zu dieser Zeit Kreuzworträtseln. Meine Tante hat mir oft erzählt, wie ich damals mit Masern im Laufstall lag. Sie betrat die Wohnung, die sehr dunkel war, und sah mich dort sitzen. Ich war verwahrlost und dreckig. Sie hat sich dann um mich gekümmert und meiner Mutter Vorhaltungen gemacht, daß sie unmöglich ein krankes Kind so sich selbst überlassen könne. Meine Mutter hat es nicht geschafft, den Haushalt und das Kind so zu versorgen, wie es sich gehörte, denn sie war einfach zu sehr mit sich selbst beschäftigt beziehungsweise zu faul und lebte irgendwie nur in den Tag hinein. Ein weiteres „Hobby“ war das heimliche Rauchen. Das war auch der Grund, weshalb mein Vater ihr nur sehr wenig Geld gab, denn er wußte, sie würde sich davon Zigaretten kaufen. Ich kann mich noch daran erinnern, wenn meine Mutter vor mir stand und mir das Versprechen abnahm, ich solle auf keinen Fall dem Papa sagen, daß sie wieder geraucht hatte. Ich versprach es, denn ich wollte meiner Mutter helfen, obwohl ich wußte, daß das, was sie tat, nicht richtig war. Sie öffnete dann das Küchenfenster und rauchte zum Fenster heraus. Ich hielt mein Versprechen - so lange, bis mein Vater nach Hause kam. Seine erste Frage an mich war immer: „Hat die Mama wieder geraucht?“ Da ich meinen Vater nicht anlügen wollte und Angst hatte, er würde mir die Lüge sowieso am Gesicht ablesen, bejahte ich seine Frage. Daraufhin gab es ein riesiges Donnerwetter. Er drohte, sie würde kein Geld mehr von ihm bekommen, und sie schwor, es nicht mehr zu tun. Von da an rauchte sie dann immer bei den Nachbarn.

Dann kam es auch immer öfter vor, daß der Mülleimer überquoll. Wenn mein Vater abends nach Hause kam, fragte er meine Mutter, wieso sie den Müll nicht geleert hatte. Er forderte sie auf, das jetzt zu tun. Sie sagte dann jedesmal: „Ja, das mache ich gleich." Bis heute sagt sie immer noch „ja" und meint doch eigentlich „nein", und das nur, um den Fragenden zufriedenzustellen, in der Hoffnung, die Sache wäre damit erledigt. Sie machte also weiter ihr Kreuzworträtsel. Nach längerer Zeit ermahnte mein Vater sie erneut, den Müll endlich runterzubringen. Sie bejahte wieder und vertröstete ihn auf später. Nachdem wieder einige Zeit vergangen war, sagte mein Vater: „Wenn du den Müll bis 20.00 Uhr nicht runtergebracht hast, liegt er bei dir im Bett." Kurz vor Ablauf der Zeit bequemte sich meine Mutter, den Müll endlich zum Container zu bringen! Wenn ich so daran zurückdenke, hat sie zu diesem Zeitpunkt schon angefangen - das hört sich jetzt zwar seltsam an -, ein gestörtes Verhältnis zum Müll aufzubauen. Das Wort „Verhältnis" in bezug auf Müll könnte für meine Mutter nicht treffender gewählt sein.

1973 ließen sich meine Eltern scheiden, und ich zog mit meiner Mutter in das Haus ihrer Eltern nach Ehrenfeld zurück. Wir bekamen dort zwei Zimmer im Parterre des Hauses. Wieder im behüteten Schoß der Eltern, ließ sich meine Mutter vollends gehen. Sie schlief bis mittags, und ich wurde morgens von meinem Opa hochgeholt und versorgt. Er kochte mir immer meinen Lieblingspudding, und manchmal - wenn ich nicht ganz brav war - lief er mir schimpfend und wild fuchtelnd mit seinem Gehstock hinterher. Ich hatte dann immer eine Menge Spaß, denn ich war viel zu flink für ihn, und schließlich stimmte er immer in mein Gelächter mit ein. Im Hof hinter dem Haus brachte er mir dann auch meine ersten Versuche auf dem Fahrrad bei, das mein Vater mir gekauft hatte.
Zu dieser Zeit war meine Oma schon bettlägerig. Ich sehe sie noch heute vor mir, wie sie, mit einer Perücke auf dem Kopf, völlig abgemagert im Bett liegt. Da sie nicht mehr richtig laufen konnte, stand für sie ein Stuhl mit einer integrierten Pfanne bereit, auf den sie bei Bedarf gesetzt wurde. Wenn ich hörte, daß Oma auf den Stuhl mußte, setzte ich mich flugs darauf und behauptete, daß ich auch ganz *dringend* müßte. Tante Hilde und meine Mutter redeten dann mit Engelszungen auf mich ein, bis ich endlich für meine Oma den Stuhl frei machte. Oma aß natürlich auch nicht mehr viel, aber wenn sie dann zum Beispiel einen Joghurt bekam, holte ich eiligst einen zweiten Löffel und „half" ihr dabei. Das

Angebot eines eigenen Joghurts ignorierte ich, denn es machte doch viel mehr Spaß, zu zweit aus einem Becher zu essen. Meine Oma sagte dann nur lachend: „Laßt das Kind doch!"

Wenn meine Mutter dann nicht die Stelle in einem großen Unternehmen bekommen hätte, wäre das angenehme Leben bei meinen Großeltern wohl noch lange so weitergegangen. Diese Stelle hatte sie übrigens zur Abwechslung ohne fremde Hilfe gefunden, aber mit Druck von meinem Onkel Heinz.

Nachdem sie über die Firma eine 2-Zimmer-Wohnung, Küche, Diele, Bad, Balkon im dritten Stock eines Hauses im Kölner Süden bekam, zogen wir wieder um. Über die kleine Diele gelangte man ins Badezimmer, in dem es eine Toilette und eine Badewanne gab. Die anderen Zimmer waren alle recht groß und schön geschnitten. Den Balkon konnte man über die Küche und das Wohnzimmer erreichen, die nach hinten zum Hof heraus lagen.

Nach und nach richtete sie dann die Wohnung ein. Die Küche hatte einen weißen Korpus mit grünen Türen. Wenn man in die Küche trat, stand links an der Wand ein Zweierschrank mit darüberliegenden Hängeschränken, und auf der gegenüberliegenden Seite stand zunächst der Eisschrank, dann der Herd, die Waschmaschine und daran anschließend die Spüle, die ebenfalls den Korpus der Schränke hatte. Ziemlich in der Mitte stand der Küchentisch mit den Stühlen. Sehr praktisch war der weiße Einbauschrank direkt unter dem Fenster, in dem man viel unterbringen konnte. Für das Wohnzimmer kaufte sie recht massive Schränkchen aus rötlichem Holz mit goldenen, geschwungenen Griffen, dazu ein Sofa, auf dem man zur Not auch schlafen konnte, einen Wohnzimmertisch, den man beliebig in der Höhe verstellen konnte und dazu einen Sessel. In der linken Ecke direkt unter dem Fenster stand später unser großes Bett. Das andere Zimmer, das zur Straße hin lag, richtete sie zunächst mit dem Schlafzimmer ein, welches sie aus der Wohnung meines Vaters mitgenommen hatte. Dies sollte jedoch etwas später mein Kinderzimmer werden.

Kurz nachdem wir dort eingezogen waren, kam ich in den Kindergarten, der direkt um die Ecke war. Dort nahm ich natürlich auch am Turnunterricht teil. Eine dieser Stunden werde ich nie vergessen. Wir hatten uns alle soweit umgezogen, und ich bat meine Kindergärtnerin, mir nur noch die Schuhe zu binden. Sie wurde unheimlich böse und warf mir vor, daß ich mit meinen fast fünf Jahren normalerweise meine Schuhe selber mit einer Schleife binden müßte, denn andere würden das ja auch schon können. Ich war völlig verstört und kam mir vor, als sei ich zurückgeblieben, denn als solches hatte sie mich hingestellt. Noch am

gleichen Tage saß ich bei Tante Hilde und übte so lange das Binden einer Schleife, bis ich es ganz alleine konnte. Die Kindergärtnerin wurde für ihre „Aktion“ natürlich gerügt, denn sie war absolut unangemessen streng.
Zu Weihnachten mußte ich einmal mit einem gleichaltrigen Jungen ein Gedicht aufsagen. Unser Pastor hatte mich also auserkoren, obwohl ich doch noch gar nicht lesen konnte. Mein Onkel setzte sich Tag für Tag mit mir hin - bewaffnet mit einem Kassettenrecorder - und übte dieses Gedicht mit mir ein. Er übernahm den Part des Jungen, und nachdem er sehr intensiv mit mir geübt hatte, konnte ich es komplett auswendig. Kurz vor unserem großen Auftritt wurde der Junge krank, so daß ich das ganze Gedicht alleine aufsagen mußte. Im nachhinein frage ich mich: Wieso kümmerte sich meine Mutter nicht darum, mit mir dieses Gedicht einzustudieren? Weil sie arbeiten mußte? Mein Onkel mußte ebenfalls arbeiten, und wenn er am Nachmittag nach Hause kam, nahm er sich trotzdem die Zeit, mir - nicht nur in dieser Sache - zu helfen.
Hier sieht man auch wieder, daß ihr alles ganz selbstverständlich abgenommen wurde - sie mußte noch nicht einmal darum bitten, es wurde kommentarlos übernommen.

Da meine Mutter berufstätig war, holten mich fast immer mein Opa, Tante Hilde oder Onkel Heinz vom Kindergarten ab. Eines Tages wurde mein Opa auf der Kreuzung kurz vor dem Kindergarten angefahren und schwer verletzt. Von da an holten mich nur noch meine Tante und mein Onkel ab. Als ich fünf Jahre alt war, verspätete sich meine Tante etwas, und weil alle anderen Kinder schon gegangen waren, dachte ich, es wäre eine gute Idee, ihr schon entgegenzufahren. Ich setzte mich also kurzerhand in die Straßenbahn und fuhr dorthin, wo meine Tante wohnte. Ich kannte alle Straßenbahnstationen mit Namen und fand, es war nichts dabei, auch mal ganz alleine die Bahn zu nehmen. Auf dem Weg zur Straßenbahn traf ich noch zwei Freundinnen aus dem Kindergarten und sagte ihnen, daß meine Tante noch nicht gekommen sei und ich ihr jetzt entgegenfahren würde. Als ich bei meiner Tante ankam, war sie natürlich nicht zu Hause, denn in der Zwischenzeit hatte sie den Kindergarten erreicht, wo sie zu ihrem großen Entsetzen hörte, daß ich den Heimweg alleine angetreten hatte. Sie machte sich also auf dem schnellsten Weg daran, wieder nach Hause zu fahren. Sie malte sich wohl auf diesem Weg die schrecklichsten Dinge aus, die mir passiert sein könnten. Als sie in ihre Straße einbog, sah sie mich vor der Türe mit anderen Kindern spielen. Ihr fiel verständlicherweise ein großer Stein vom Herzen. Wir haben noch oft davon gesprochen, wie selbständig ich zu dieser Zeit schon war. Nach diesem Vorfall fuhr ich dann auch des öfteren alleine mit der Bahn zu meinen Großeltern.

Meine Mutter setzte mich jeden Morgen, bevor sie in die Firma fuhr, bei meiner Tante und meinem Onkel ab. Eines Morgens meinte Tante Hilde: „Anni, die Mutter ist tot." Wir erfuhren, daß meine Oma schon am Tag zuvor gestorben war. Da meine Mutter jedoch kein Telefon besaß, konnte uns niemand verständigen. Meine Mutter besaß aber die Frechheit, meiner Tante vorzuwerfen, man hätte ihr doch trotzdem irgendwie Bescheid geben können. Meine Tante erinnerte sie daran, daß dies ganz allein ihre Schuld sei, da sie sich bis jetzt geweigert habe, ein Telefon zu beantragen. Aus irgendeinem Grund hatte sie sich bisher immer gewehrt, ein Telefon anzuschaffen, aber nach diesem Vorfall bekamen wir dann doch ganz schnell eines.

Schon zu Beginn unseres Lebens in der neuen Wohnung begann meine Mutter, „unordentlich" zu werden, denn sie fing an, den Müll nicht hinunterzubringen.
Zu dieser Zeit bekamen das *Wohnzimmer* und die *Küche* schon immer mehr Ähnlichkeit mit einer Müllhalde. Begonnen hatte sie zunächst in der Küche, und als diese dann hoch voll mit Müll war, sammelte sie kurzerhand im Wohnzimmer weiter. Ich weiß noch ganz genau, daß man in der Küche sehr gut sehen konnte, wie die Sammelleidenschaft meiner Mutter begonnen hatte. Dort stand noch der kleine Plastik-Tretmülleimer offen, in dem die allererste Mülltüte war, und direkt daneben waren noch drei andere Mülltüten, aus denen ebenfalls der Abfall quoll. Der weitere Abfall wurde dann einfach immer draufgeworfen, obwohl er dann nur noch daneben fallen konnte. Zum Teil füllten sich dann weitere Einkaufstüten, aber das meiste wurde einfach auf den Boden geworfen. Nachdem die Küche dann randvoll war, hielt sie diese dann immer geschlossen, frei nach dem Motto: aus den Augen, aus dem Sinn. Es ging eigentlich alles rasend schnell, denn wenn man es sich einmal überlegt, dann produziert ein Haushalt von schon einer Person eine Menge Müll, und ein Müllbeutel ist eigentlich immer sehr rasch voll.
Ich mußte also mit ansehen, wie immer mehr im Dreck unterging. Sie brachte absolut nichts runter in die Container. Seien es benutzte Taschentücher, ihre Binden und Tampons, zum Teil leere Getränkedosen, Lebensmittelgläser und -dosen, die wahnsinnige Anzahl von Zeitungen - in der Woche kaufte sie sich mindestens vier Stück –, gebrauchte Kaffeefilter, benutzte Unterwäsche und Kleidung und einfach alles, was in einem Haushalt an Abfall anfällt, warf sie achtlos weg. Es widerstrebte mir, alles auf den Boden zu werfen, aber mir blieb nichts anderes übrig, als die Küche und später die anderen Zimmer als einen großen Mülleimer zu betrachten, denn sie lebte es mir vor.
Als sie im Wohnzimmer anfing, den Müll weiter zu sammeln, bekam

ich plötzlich sehr hohes Fieber. Ich lag dort im Bett und sah schon unter der Zimmerdecke vor der grünen Jalousie „die Kissen fliegen". Meine Mutter holte einen Arzt zu uns nach Hause, der seine Praxis einige Häuser weiter hatte. Bevor er kam, brachte sie die ersten Müllsäcke aus dem Wohnzimmer in die Küche. Später erzählte mir meine Mutter, der Arzt habe ihr tatsächlich Avancen gemacht, und sie habe ihn vertröstet, da sie, wie er doch wisse, ein krankes Kind pflegen müsse. Ich kann mir beim besten Willen nicht vorstellen, daß er das gemacht haben soll, denn auch wenn im Wohnzimmer kein Müll zu sehen war, mußte er sehen, daß die Wohnung nicht gerade aussah, als würde sie regelmäßig geputzt.

Da sie in der Küche einfach alles auf den Boden warf, entwickelte sie für das Wohnzimmer eine andere Strategie, denn hier mußten wir ja zwischen dem Müll schlafen. Damit wir nicht mit allem Unrat in direktem Kontakt standen, begann sie, jede Woche eine enorme Anzahl von großen blauen Müllsäcken zu kaufen, in die sie dann hauptsächlich die Sachen warf, die schnell schimmelten. Wenn ich mit ihr in den Haushaltsladen bei uns im Ort ging und sie wieder eine riesige Menge von diesen Säcken kaufte, wurde sie von den Verkäufern dezent auf den hohen Verbrauch angesprochen, denn manches Mal kam es tatsächlich vor, daß sie dort keine mehr vorrätig hatten. Meine Mutter erzählte dann mit einer Selbstverständlichkeit irgend etwas von Umbau oder Renovierung, nur - so lange braucht kein Mensch, um seine Wohnung zu renovieren - das konnten die Leute sich an fünf Fingern abzählen. Mir war es furchtbar peinlich, außerdem bedeutete jeder weitere gekaufte Müllbeutel noch mehr Unrat und noch weniger Platz, durch die Wohnung zu „gehen". Manchmal schickte sie mich auch alleine los, um die Säcke zu kaufen, aber sie brachte sie dann immer öfter direkt aus der Stadt mit, damit der unheimliche Verbrauch nicht ganz so auffällig war.
Es ging dann sogar soweit, daß ich auf bestimmte Müllsäcke in der Wohnung, über und auf die ich steigen mußte, um zu unserem damaligen gemeinsamen Bett im Wohnzimmer zu gelangen, auf keinen Fall treten durfte, da sie sonst zu platzen drohten und irgendeine schimmelige Brühe austreten konnte. Sie ließ tatsächlich so etwas wie einen Weg entstehen, der direkt zum Bett führte und der irgendwie an den schmalen Pfad erinnerte, den Wanderer im hohen Schnee hinterlassen, wo gerade mal zwei nebeneinanderstehende Schuhe Platz finden. Rechts und links von diesem Weg türmte sich der Müll! Ich konnte oft noch so gut aufpassen, und trotzdem leistete ich mir einmal einen Fehltritt, so daß einer der Säcke riß. Meine Mutter wurde richtig wütend, und kurz darauf kam sie mit einem neuen blauen Müllsack, und ich mußte ihr

helfen, den beschädigten in den neuen zu stecken. Sie ermahnte mich äußerst wütend, beim nächsten Mal besser aufzupassen! Wenn ich ihr dann vorwarf, daß dies ganz allein ihre Schuld sei, da sie es doch war, die den Müll sammeln würde, brach sie die Diskussion sofort ab. Ich hatte vielmehr das Gefühl, daß sie sich mehr darüber ärgerte, gerade von mir beim Kreuzworträtseln gestört worden zu sein, denn danach setzte sie sich direkt wieder auf unser Bett und führte es weiter. Sie hatte mir gerade gezeigt, wie man Müll wieder ordnungsgemäß für unsere Wohnung verpackte, fast so, als würde man allen Kindern in meinem Alter diesen „wertvollen" Ratschlag mit auf ihren Lebensweg geben. Für sie war das genauso normal, als würde man einem Kind zeigen, wie es sich richtig die Zähne putzt. Aber mir war schmerzlich bewußt, daß von allen meinen Freunden nur ich diejenige war, die dieses Gebot mit auf den Weg bekam.
Diese Säcke verfolgen mich bis heute! Wenn ich irgendwo einen solchen Beutel sehe, in dem zum Beispiel Altkleider am Straßenrand stehen, kommt alles wieder in mir hoch.
Unser Fernseher im Wohnzimmer war bald auch kaum noch zu erreichen, aber es gab ja Gott sei Dank noch die Fernbedienung! Doch irgendwann gab der Fernseher seinen „Geist" auf. Jedesmal wenn meine Mutter ihn anschaltete, machte er eine lautes, klopfendes Geräusch, geradeso als würde er jeden Moment explodieren. Wir hatten große Angst, daß das geschehen könnte, denn dies hätte verheerende Folgen gehabt, da bei all den Zeitungen und dem Müll die Wohnung wie Zunder gebrannt hätte.

Daß wir schlechte Luft hatten, kann man sich wohl vorstellen; von Luft kann in diesem Zusammenhang eigentlich nicht die Rede sein. Es war ein unbeschreiblicher Geruch, der aus abgestandener Luft, altem Rauch und faulem beziehungsweise schimmeligem Essen bestand. Ich werde heute manchmal noch wach und habe diesen Geruch in der Nase. Sie hat die Fenster auch niemals geöffnet, denn durch die immer geschlossenen grünen Jalousien an den Fenstern kam sie überhaupt nicht an die Fenstergriffe. Die Jalousien mußten natürlich geschlossen bleiben, damit niemand aus den Häusern schräg gegenüber hineinsehen konnte. Damals war ich einmal mit Freunden gegenüber im Park, von wo aus man auf die Rückseite unseres Hauses sehen konnte. Einer von ihnen fragte mich, wo denn genau unsere Wohnung sei. Erst da wurde mir richtig bewußt, daß alle Leute unserer Nachbarschaft täglich sehen konnten, daß stets beide Jalousien in Küche und Wohnzimmer geschlossen waren und niemals ein Fenster geöffnet wurde. Ich war mir sicher, daß sie daraus ihre Schlüsse ziehen würden. Aus Scham zeigte ich auf den Balkon neben uns, denn ich hatte Angst vor weiteren Fragen.

Witzigerweise hatte sie immer Pflanzen in dem jeweiligen Zimmer, in dem wir lebten. Sie glaubte wohl, daß diese die Luft reinigen würden und dadurch ein Lüften nicht mehr nötig sei. Daß der Unrat eine Menge Fliegen anlockte, kann man sich lebhaft vorstellen. Besonders ganz kleine Fliegen, die sich überall hinsetzten und in jede Ecke kamen, hatten wir haufenweise. Mein Butterbrot konnte ich nur essen, wenn ich meine Hand ständig in Bewegung hielt, damit sich keine Fliegen darauf setzen konnten. Um so geschockter war ich einmal, als mich meine Mutter bei einer Bekannten abholte und meinte: „Wohnen in eurem Haus Türken? Also es stinkt wirklich im Hausflur, als wenn hier Türken wohnen würden!" Sie besaß tatsächlich die Frechheit, so etwas von sich zu geben, obwohl es in ihrer eigenen Wohnung noch schlimmer stank als auf einer Müllhalde! Konnte es sein, daß sie den heimischen Geruch nicht wahrnahm oder nicht wahrnehmen wollte? Wo nahm sie es her, so zu sprechen? Ich glaube, das wußte sie wohl selber nicht! Es war einfach so, daß sie nach außen hin jedem demonstrieren wollte und mußte, wie sauber es doch bei ihr war, denn von diesen Leuten bekam niemals jemand unsere Wohnung zu Gesicht.

Die Waschmaschine in der Küche wurde niemals wieder benutzt, denn man wäre vor lauter Müll gar nicht mehr an sie herangekommen. Meine Mutter sah trotzdem immer aus wie aus dem „Ei gepellt", denn sie kaufte sich einfach immer neue Sachen. Mal wurde aus dem Katalog bestellt, denn dann brauchte sie nicht direkt zu bezahlen, oder aber in einer Boutique ein teurer Pullover oder eine Jacke gekauft, die dann irgendwann in der Versenkung verschwand. Wenn meine Tante manchmal fragte, wo denn das eine oder andere Teil sei, hatte sie immer eine Ausrede. Später, als manch einer erfuhr, wie es bei uns zu Hause aussah, konnten es die Leute nicht begreifen. Sie sagten immer wieder, meine Mutter hätte doch so einen sauberen Eindruck gemacht und immer so gut ausgesehen. Aber hier bestätigt es sich einmal wieder: Man kann jedem Menschen vor die Stirn sehen, aber nicht dahinter!

Als wir schon einige Zeit in der Wohnung lebten, meinte meine Mutter dann, ich bekäme ein eigenes Zimmer. Sie fand einen Bekannten, der sich anbot, das Zimmer neu zu tapezieren. Dieser Bekannte hatte wohl nicht sehr viel Ahnung von seinem Handwerk, denn noch am gleichen Tag hatten wir an allen Wänden riesige Luftblasen, die am nächsten Tag noch größer waren. Er meinte zwar, daß sich das geben würde, aber dem war nicht so. Ein anderer Bekannter besserte dann die Schäden aus. Ich bekam mein erstes eigenes Zimmer, für das mein Vater mir ein teures und sehr schönes Jugendzimmer kaufte. Wenn man in mein Zimmer kam, stand rechts an der Wand ein großes Bett mit darüberliegendem Regal und integriertem Nachtkommödchen, daneben wiederum stand ein großer Kleiderschrank, dann ein Schrank mit eingebautem Schreibtisch, daran anschließend noch ein Kleiderschrank und auf der gegenüberliegenden Seite, also links neben der Tür, stand ein separater Schreibtisch mit Schubladen und einem abschließbaren Schränkchen. Der Korpus der Möbel war schwarz, und die Front inklusive dem Bezug des Bettes war grün und grau. Ich war sehr stolz auf dieses Zimmer.

Nach der Scheidung meiner Eltern einigten sich die beiden, daß mein Vater weniger Unterhalt zahlen mußte, mir dafür aber alles an Kleidung und sonstigem kaufen würde. Als sich meine Mutter jedoch einmal beklagte, sie wolle mehr Geld von ihm haben, meinte er nur, dann würde er aber alle anderen Geschenke und Zahlungen für mich einstellen. Meine Mutter verwarf diesen Gedanken ganz schnell, denn sie wußte, sie würde sich dann wesentlich schlechter stellen. Mein Vater kaufte nämlich alle meine Sachen in den teuersten Kinderfachgeschäften, ich bekam immer passend zu meiner jeweiligen Körpergröße ein neues Fahrrad, und nicht zuletzt gab er mir immer ein großes Taschengeld. Wenn ich ihn bei seiner Arbeit begleitete und er zum Beispiel in einem Schuhladen die Fenster reinigen mußte, fragte er immer, ob ich Schuhe brauchen würde. Wenn wir den Laden verließen, hatte ich nicht selten zwei Paar neue Schuhe unter dem Arm!

Da ich jetzt mein eigenes - sauberes - Zimmer hatte, hoffte ich, meine Mutter würde nun aufwachen und ebenfalls ein solches Zimmer haben wollen. In dieser Zeit schlief ich auch das erste Mal wieder allein, denn bisher hatten wir uns immer das Bett geteilt. Wenn ich sie abends auf ihrem Bett im Wohnzimmer sitzen sah und sie kreuzworträtselte, kam es mir so vor, als sei dies für sie das absolut Normalste von der Welt, mitten im Müll zu sitzen und ihrer Beschäftigung nachzugehen. Regelmäßig lackierte sie sich auch immer ihre langen Fingernägel. Wenn sie absolut nichts tat, aber dafür nahm sie sich immer Zeit, damit nach außen hin alles perfekt zu sein schien. Ihre Nägel waren schon so lang, daß sie sich nach unten bogen, und jeder normale Mensch mußte bei diesem Anblick seine Zweifel haben, ob damit überhaupt Hausarbeit möglich war.
Wenn ich sie so da sitzen sah, empfand ich nur Mitleid, denn ich konnte nicht begreifen, wie sich jemand in einer solchen Umgebung tatsächlich wohl fühlen konnte. Ich hatte auch niemals das Gefühl, sie würde sich mir gegenüber schämen. Es schien, als sei dies ihre eigene, kleine, heile Welt, die sie sich von keinem nehmen ließ - also warum sollte sie sich dafür schämen?!

Die Tatsache, daß ich endlich „rauchfrei" schlafen konnte, erleichterte es mir, mein Kinderzimmer wirklich zu genießen - was jedoch nicht von langer Dauer sein sollte. Sie rauchte damals nämlich ständig in meiner Gegenwart und natürlich auch dann, wenn wir in einem Zimmer schliefen. Immer wenn ich dabei war einzuschlafen, hörte ich das Geräusch ihres Feuerzeuges, wenn sie sich wieder eine neue Zigarette anzündete.
Meiner Mutter wurde es doch langsam ziemlich ungemütlich in ihrem Wohnzimmer, und darum bat sie mich in dieser Zeit, ob sie nicht mit in meinem Zimmer schlafen könnte. Ich wollte das aber nicht, denn ich sah doch, was sie in kurzer Zeit aus der Küche und dem Wohnzimmer gemacht hatte. Aber sie war meine Mutter, und sie tat mir natürlich leid. Ich nahm ihr sogar noch das Versprechen ab, daß sie bei mir ordentlich sein mußte. Natürlich versprach sie das - wie vieles andere!
Kurz nachdem sie mit in meinem Zimmer wohnte, bekam sie Besuch von einer Freundin. Die beiden wollten abends weggehen, und meine Mutter fragte mich, ob ich ihr das „erlauben" würde. Ich verneinte, denn ich hatte große Angst, alleine zu Hause zu bleiben. Die Freundin von ihr versuchte immer wieder, mich umzustimmen, aber ich hielt an meiner Meinung fest, bis meine Mutter schließlich sagte: „Ist gut, Vera, ich bleibe auf jeden Fall zu Hause - versprochen." In Wirklichkeit hatten die beiden bereits vereinbart, zusammen wegzugehen, wenn ich endlich eingeschlafen war. Als ich dann schlief, gingen sie. Nicht lange danach wurde ich wach. Meine Mutter lag nicht neben mir, und mir wurde schnell klar, daß ich völlig allein in der Wohnung war. Ich rief noch nach ihr und begann dann fürchterlich zu weinen. Ich schaltete in meinem Zimmer, in der Diele und im Badezimmer das Licht an und schaute immer wieder aus dem Fenster, weil ich hoffte, meine Mutter würde jeden Moment zurückkommen. Nach schier endlos langer Zeit fuhr unten ein Taxi vor. Ich sah, wie sie ausstieg, und nachdem sie endlich wieder bei mir war, wiederholte ich immer wieder unter Tränen: „Du hast mich ja doch allein gelassen!" Sie versuchte mir zu erklären, daß ihre Freundin sie dazu überredet hatte, sie so etwas aber nie wieder tun würde. Sie erzählte mir dann, daß sie - während sie weg waren - auf einmal keine Ruhe mehr gehabt hätte und wegen eines unguten Gefühles sofort nach Hause gefahren wäre. Als sie dann von unten die „Festbeleuchtung" sah, hatte sie große Angst, es sei etwas passiert. Es beruhigte mich, daß auch sie einen kleinen Schreck bekommen hatte, aber von dieser Zeit an stand ich ihren Versprechungen mißtrauischer gegenüber.

Damals kaufte sie mir kurz nach meiner Rückkehr aus dem Wochenende mit meiner Tante und meinem Onkel ein Meerschweinchen, um das

ich sie schon lange gebeten hatte. Tante Hilde machte ihr Vorwürfe, denn für ein solches Tier war ich einfach noch zu klein, und außerdem könnte es bei mir eine Allergie auslösen. Doch meine Mutter ignorierte das alles, und ich war natürlich hellauf begeistert.
Da wir noch keinen Käfig hatten, bekamen wir fürs erste von dem Bruder meines Opas eine hohe Tonne, in die wir das Meerschweinchen steckten. Wir glaubten, daß es da auf keinen Fall rausspringen konnte, wurden aber eines Besseren belehrt. Das Tier versteckte sich natürlich überall, wo wir es nicht erreichten, und in unserer Not riefen wir einen Nachbarn zu Hilfe, der, mit schweren Handschuhen bewaffnet, auf große, erfolgreiche Jagd ging. Er mußte natürlich in unsere Wohnung, das heißt nur in mein Kinderzimmer, denn alle anderen Zimmer der Wohnung verschloß meine Mutter. Ich hatte Angst, er würde sehen, wie drekkig es doch bei uns war, aber er ließ sich nichts anmerken.
Vor noch nicht allzu langer Zeit traf ich ihn, und er sagte etwas Merkwürdiges. Er fragte mich nämlich: „Ist das Leben jetzt wieder lebenswert?" Ich muß sagen, das hat mich tief berührt, denn in dem Moment begriff ich, daß er mehr wußte, als ich jemals für möglich gehalten hatte!
Schon kurz nachdem wir das Meerschweinchen hatten, wurde meine Mutter immer öfter von starkem Hustenreiz gequält, der sich bis zum Asthma verschlimmerte. Ich weiß noch, wie ich mit meiner Mutter einkaufen gehen wollte und ihr sogar beim Ankleiden helfen mußte, weil sie einfach keine Luft mehr bekam. Nachdem wir nur circa 50 Meter gegangen waren, bekam sie so starke Atemnot, daß sie sich auf die Treppe eines Hauseinganges setzen mußte und mich losschickte, um Hilfe zu holen. Ich lief in Todesangst direkt zu einem Kiosk, der um die Ecke war. Der Besitzer kam sofort mit mir und holte sie zu sich in den Laden. Von dort fuhren wir mit einem Taxi direkt zu einem Arzt, der durch einen Allergietest herausfand, daß das Meerschweinchen besser gesagt dessen Haare am Zustand meiner Mutter schuld war.
Kurz darauf hatten wir im Kindergarten ein Sommerfest, und bei dieser Gelegenheit fanden wir einen neuen Besitzer. Eine Kindergärtnerin versprach mir hoch und heilig, gut für meinen Liebling zu sorgen und stellte mir frei, ihn jederzeit zu besuchen - was ich auch tat. Da ich das Meerschweinchen weggeben mußte, kaufte mir mein Vater ganz selbstverständlich einen Wellensittich mit einem großen Käfig und allem, was dazugehörte. Ich erinnere mich, daß ich, kurz nachdem ich mein Zimmer bekommen hatte, meinen Geburtstag feierte. Es waren ein paar Freundinnen bei mir, und jeder wollte Pucki mal auf die Hand nehmen. Nachdem alle weg waren, konnte selbst ich meinen Vogel nicht mehr anfassen, denn er war völlig verstört und wußte nicht mehr, zu wem er gehörte. Möglicherweise hatte ich noch nicht das richtige Alter

für ein solches Haustier, aber ich fand es einfach toll, daß mein Vater ihn mir gekauft hatte, obwohl er selbst nicht sehr viel von Tieren hielt. Wenn er jedoch bei mir war, stand er immer vor dem Käfig und „redete“ mit Pucki, was ich immer sehr lustig fand, denn er tat das auf eine Art und Weise, in der man - wenn überhaupt - nur mit kleinen Kindern spricht.

Ebenfalls in der Zeit, als mein Zimmer noch begehbar war, lernte sie einen Mann aus unserem Ort kennen. Die beiden trafen sich einige Male, und nachdem er einmal bei uns war, brachte meine Mutter ihn zur Türe. Ich hörte die beiden flüsternd im Flur stehen, und nachdem einige Zeit vergangen war und meine Mutter immer noch nicht zu mir zurückgekommen war, schaute ich vorsichtig durch die Kinderzimmertüre. Dort standen die beiden eng umschlungen und küßten sich recht innig. In diesem Moment hatte ich einerseits große Angst, dieser Mann könnte mir meine Mutter wegnehmen, und gleichzeitig fragte ich mich, wie er überhaupt meine Mutter küssen konnte. Ich war darüber deshalb so verwundert, weil ich doch wußte, wie wenig Wasser sie an ihren Körper ließ und vor allem natürlich auch ihre Zähne nicht die regelmäßige Pflege bekamen, die sie benötigten, und um das zu sehen, mußte man kein Zahnarzt sein. Ich konnte mir also überhaupt nicht vorstellen, wie es jemand fertigbrachte, eine solche Frau zu küssen, und nachdem ich mir darüber im klaren war, verschwanden meine Bedenken. Bevor sich die beiden trennten, schenkte er mir zu meinem Geburtstag noch einen goldenen Anhänger mit meinem Sternzeichen „Stier“. Ich fand das sehr nett, obwohl es mir so vorkam, als wollte er sich meine Freundschaft erkaufen. Diese Beziehung ging dann auseinander, weil er verheiratet war, wie wir später erfuhren.

Die wöchentliche Anzahl von Zeitungen, die sie sich immer kaufte, bedeckte schon bald den Boden meines Zimmers. Entgegen ihrer Versprechen, begann sie nun auch in meinem Zimmer den Müll zu horten. Ich mußte hilflos zusehen, wie sie mein Kinderzimmer völlig achtlos und ohne jegliche Rücksicht innerhalb kürzester Zeit ebenfalls in eine Müllhalde verwandelte.

Benutzte Kaffeefilter warf sie mitten ins Zimmer wie auch den restlichen Müll. Ich hatte noch einen kleinen Beistelltisch, der zu meinem Zimmer gehörte, auf dem stand an der Ecke die Kaffeemaschine neben schimmeligen Gläsern und faulen Eiern, die noch in den Pappkartons standen. Der Boden war mittlerweile circa einen halben Meter hoch mit Zeitungen bedeckt.

Ich weiß noch, wie mal meine Freundin Claudia, die direkt gegenüber wohnte und die ich beim Flötenunterricht kennengelernt hatte, bei uns klingelte. Sie wollte mich zum Spielen abholen. Meine Mutter bekam direkt Panik und sagte, ich solle auf keinen Fall die Türe aufmachen und aufpassen, daß ich nicht am Fenster gesehen wurde. Ich stand auf dem halben Meter Zeitungen und konnte auf der gegenüberliegenden Allee sehen, wie Claudia heraufschaute. Ich weiß nicht, ob sie mich sehen konnte, aber zum ersten Mal haßte ich meine Mutter dafür, daß sie Müll sammelte.

Irgendwann in dieser Zeit machten meine Mutter und ich unseren ersten Urlaub. Es ging in eine kleine Pension nach Cala Ratjada. Es war eigentlich ein toller Urlaub, denn wir nahmen an einer Tour teil, bei der ich den Großteil des Ausfluges auf dem Rücken eines Ponys zurücklegte und meine Mutter auf einer Kutsche. Sie hatte in einem Restaurant am Hafen einen Mann kennengelernt - er war mit dem Inhaber des Lokals befreundet -, der sich „Bonanza" nannte und uns zu dieser Tour einlud. Meine Mutter hatte zwar zugesagt, aber nicht damit gerechnet, daß er tatsächlich am anderen Morgen, noch bevor wir mit dem Frühstück fertig waren, am Tisch stand, um uns abzuholen. Ich hatte eine kurze Hose an und scheuerte mir natürlich durch den langen Ritt beide Knie auf. Wir rasteten dann an einer kleinen Bucht, und dort wollten die Männer, daß sich alle Frauen oben ohne mit ihnen ins Meer stürzten. Es kamen noch zwei einheimische Polizisten hinzu, die zwei junge Mädchen regelrecht bedrängten. Auch „Bonanza" wollte, daß meine Mutter ihre Hüllen fallen ließ. Ich hatte schon etwas Angst, und nur weil ich immer bei ihr hing, ließ er von ihr ab. Als wir den Rückweg antraten, war ich schon sehr erleichtert, daß man meine Mutter verschont hatte.
In diesem Urlaub machte ich meine erste „Bekanntschaft" mit dem Rauchen. Eines Abends saßen wir im Hotel, und irgend jemand bot mir eine Zigarette an. Ich nahm sie, zündete sie an und paffte sie bis zum Schluß. Meine Mutter saß daneben, warnte mich zwar, die Zigarette auch nur anzufassen, aber sie mußte dann - genau wie alle anderen - sehr lachen. Ich fand es schon immer toll, wie man zum Schluß eine Zigarette ausdrückte, und nur deshalb hatte ich eine angenommen. Wenn meine Mutter sie mir damals aus der Hand geschlagen hätte, würde ich heute möglicherweise rauchen, aber dadurch hatte es für mich jeglichen Reiz verloren, denn es war ja offensichtlich nicht mehr verboten.
Nicht nur in dieser Zeit trug meine Mutter meine goldene Kette mit einem „V" als Anhänger, welche ich von meiner Tante und meinem Onkel zur Taufe bekommen hatte, und mein Armband. Im Urlaub trafen wir im Touristenviertel einen Mann, der einen dressierten Affen mit sich führte, welcher sich, o Wunder, sehr für meine Mutter interessier-

te. Wie sollte es auch anders sein, war nach diesem Treffen das Armband weg! Ich machte ihr Vorwürfe, weil sie unbedingt immer meine Schmuckstücke anziehen wollte und wir jetzt gesehen hatten, wohin das führte. Zurück in Deutschland, warteten meine Tante und mein Onkel am Flughafen auf uns. Ich war überglücklich, die beiden wiederzusehen, kletterte regelrecht an meinem Onkel hoch und sagte nur, daß wir so einen Urlaub nie wieder machen dürften. In Zukunft sollten wir nur noch alle gemeinsam verreisen. Später erzählte mir Tante Hilde, daß sie und Onkel Heinz sich sehr gefreut hätten, wie ich das sagte und besonders wie ich Onkel Heinz begrüßt hatte. Damit hatten sie nicht gerechnet, und es zeigte ihnen, wie sehr ich sie vermißt hatte.
Nachdem meine Tante von dem Diebstahl des Armbandes hörte, forderte sie meine Mutter zum wiederholten Male auf, mir nun endlich meine Kette zurückzugeben, sie hätte ja jetzt gesehen, was passiert war. Sollte sie meine Mutter noch ein einziges Mal mit dieser Kette sehen, würde sie sie ihr vom Hals reißen, denn das sei die Kette ihres Kindes, welches sie zur Taufe bekommen hatte. Von da an durfte ich meine Kette selbst tragen.

Wenn meine Mutter mich nach der Arbeit bei meiner Tante abholte, hatte ich gegessen und ging praktisch nur noch zum Schlafen mit ihr heim. Obwohl ich täglich im Kinderhort zu Mittag aß, schaute ich bei Tante Hilde immer zuerst in den Kochtopf mit den Worten: „Was hast du gekocht?“ Dann aß ich noch ein zweites Mal, und Tante Hilde war immer wieder erstaunt, wo ich das ganze Essen unterbrachte.
Wenn wir uns dann auf den Heimweg machten, kam es immer öfter vor, daß wir nicht sofort nach Hause fuhren, sondern noch irgendwelche Bekannte besuchten. Im Kindergarten lernte ich zum Beispiel meine Freundin Andrea kennen. Sie wohnte nur eine Straße entfernt, und wenn wir mit der Bahn bei uns ankamen, mußten wir immer an ihrem Haus vorbei. Ich fand natürlich toll, wenn ich dann mit meiner Freundin rumtoben konnte. Meine Mutter spielte dann meist mit ihrer Mutter Karten, oder sie unterhielten sich einfach. War die Mutter von Andrea einmal nicht zu Hause, gingen wir einfach im gleichen Haus zu der Tante von Andrea. Auch dort wurde dann Karten gespielt. Etwas später besuchten wir dann des öfteren in der gleichen Straße eine weitere Tante von Andrea, die ebenfalls mit meiner Mutter Karten spielte. Auf diese Art konnte meine Mutter sehr gut Zeit schinden, denn je länger ein solches Spiel dauerte, desto später mußte sie in ihre dreckige Wohnung zurück, deren Anblick sie anscheinend selbst nicht mehr ertragen konnte, obwohl sie sich dort scheinbar wohl fühlte.
In der gleichen Straße wohnte auch meine Freundin Yasemin. Genau wie bei den anderen waren wir auch bei ihnen sehr oft zu Besuch. Die

Mutter von Yasemin war im Schichtdienst tätig und manches Mal, wenn wir zu ihnen gingen, klingelten wir ihre Mutter aus dem Bett. Das war meiner Mutter wiederum ziemlich gleichgültig, denn auf diese Weise hatte sie es wieder einmal geschafft, nicht nach Hause zu müssen.

Andrea und Yasemin sind meine einzigen Freundinnen, die jemals die Wohnung inklusive den ganzen Müll gesehen haben, und ich habe ziemlich lange gebraucht, sie ihnen zu zeigen, denn ich bezog die dreckige Wohnung automatisch auf mich. Ich glaubte, wenn sie erst einmal gesehen hätten, wie es bei mir zu Hause aussah, wollten sie nichts mehr mit mir zu tun haben. Mit Andrea habe ich bis heute noch Kontakt, obwohl es zwischendurch immer wieder mehr oder weniger große „Funkstillen“ gibt. Zwischen uns ist eine merkwürdige Verbundenheit, die möglicherweise daher kommt, daß wir uns schon so lange kennen, oder aber, weil ich mich bei ihr in bezug auf meine Kindheit nicht zu verstellen brauche. Sie hat zum Teil alles hautnah miterlebt, und ich stelle immer wieder fest, daß wir noch auf eine ganz vertraute Weise miteinander umgehen, obwohl wir manchmal circa ein halbes Jahr und länger nichts voneinander hören. Als sie damals mit ihrer Mutter nach Dortmund ziehen mußte, brach für uns beide eine Welt zusammen, aber wir schrieben uns fast jede Woche - ich habe bis heute noch jeden einzelnen der Briefe. Beruflich und natürlich privat sind wir völlig verschiedene Wege gegangen, und doch sind wir uns in vielen Dingen sehr ähnlich und haben die gleichen Ansichten. Es scheint, als ob die berühmte „gleiche Wellenlänge“ nie abbricht.
Vor allem eines verbindet uns sehr, und das sind die Angstphobien, die zum Teil völlig identisch sind und in anderen Situationen wiederum völlig auseinanderklaffen. Wir können beide nicht in volle Straßenbahnen oder Aufzüge einsteigen, wir meiden Menschenansammlungen wie zum Beispiel die Innenstadt, wobei ich - wenn möglich - schon kurz nach Geschäftsbeginn in die Stadt fahre, denn dann ist es noch relativ menschenleer. Ich kann sehr gut alleine sein, und längere Autofahrten lege ich ohne Angst zurück, denn dann bin ich für mich - sozusagen in meinem eigenen kleinen Reich -, und kein Fremder kann mich erreichen. Es kommt auch schon mal vor, daß ich zu Hause duschen muß, nur weil in der Stadt oder sonstwo jemand zu dicht an mich herangekommen ist und ich mich dann einfach dreckig fühle. Andrea hingegen kann nur sehr schlecht alleine sein, und sie legt ohne Begleitung selbst kurze Autofahrten gar nicht oder nur gezwungenermaßen zurück.
Unsere beiden Mütter haben früher alle ihre Ängste und Probleme mit uns besprochen, und das prägt natürlich ein Leben lang. Da wir uns oft darüber unterhalten und uns bewußt sind, wo unsere Ängste ihren Ursprung haben, können wir immer besser damit umgehen. Dabei hilft

uns vor allem unser Umfeld, und das alleine ist eine große Unterstützung!
Dieses Gefühl der Mitverantwortlichkeit für den Zustand unserer Wohnung hielt so lange an, wie ich dort lebte beziehungsweise noch in die Wohnung mußte. Ich umging dieses Thema, und alle Fragen zur Wohnung oder zu der Beziehung zu meiner Mutter wurden nur ausweichend beantwortet, denn ich lebte ständig in der Angst, die jeweilige Person würde nichts mehr mit mir zu tun haben wollen, wenn sie wußte, wie es bei uns aussah. Ich konnte erst darüber reden - und das nur mit sehr guten Freunden -, als ich bei meiner Tante lebte, denn dann konnte mich niemand mehr mit dieser Wohnung in Verbindung bringen.

Da wir also fast jeden Tag jemand anderen besuchten, konnte meine Mutter natürlich in der Wohnung nicht viel tun, besser gesagt überhaupt nichts!
Nachdem ich mit sechs Jahren eingeschult worden war, zog meine Mutter natürlich immer noch mit mir jeden Abend zu Bekannten. Durch meine Einschulung lernte sie weitere Leute kennen, die sie jeden Tag mit mir besuchte. Der Bekanntenkreis, den sie durch mich gewann, schien unerschöpflich zu sein, denn irgend jemand machte abends immer die Türe auf! Ich begann, mich regelrecht für meine Mutter zu schämen. Sie besaß eine Dreistigkeit, die einmalig war. Manchmal wurden wir mit den Worten empfangen: „Wir haben eigentlich gar keine Zeit, Sie können wirklich nicht lange bleiben!" - Meine Mutter konnte! - oder „Ach, die Frau König schon wieder!"
Ein anderes Mal ließ sich eine Bekannte Badewasser ein und meinte logischerweise, daß sie jetzt baden wolle. Meine Mutter hatte ein ungeheures Sitzfleisch und antwortete mit einer Bravour, sie könne ruhig baden, wir würden solange auf sie warten! Die Bekannte tat dies natürlich nicht, sondern wartete, bis wir um 22.30 Uhr endlich gingen, und ließ sich dann erneut Wasser in die Wanne! Diese Uhrzeit war keine Seltenheit, und der einzige Unterschied zu damals, als ich noch nicht die Schule besuchte, war lediglich, daß ich jetzt einen Schulranzen auf dem Rücken trug. Wenn ich müde wurde und nach Hause wollte, vertröstete sie mich immer, bis dann auch die anderen meinten, sie sollte jetzt gehen, da ich doch am nächsten Morgen in die Schule müßte. Morgens hatte ich natürlich Mühe aufzustehen, und da meine Mutter nicht in der Lage war, mir ein Pausenbrot zu schmieren besser gesagt überhaupt ein Frühstück zu machen, holte ich mir beides gegenüber im „Tante-Emma-Laden".
Wenn einmal der seltene Fall eintrat, daß meine Tante nach der Schule nicht auf mich aufpassen konnte, besorgte sie kurzerhand Ersatz bei

einer ihrer Freundinnen. Sie bekam jedoch immer öfter zu hören: „Die Vera würden wir ja gerne nehmen, das wäre kein Problem, aber dann sitzt ihre Mutter wieder bis spätabends bei uns, und das wollen wir einfach nicht."
Die Mutter meiner Schulfreundin Svenja hat wohl als eine der wenigen erkannt, daß meine Mutter mir nicht das Leben gab, wie es sich für ein Kind in diesem Alter gehört oder wie es sich für kein Kind gehört. Sie sagte nämlich zu meiner Tante: „Lassen Sie die Vera mal nie im Stich, denn sie wird Sie noch brauchen."
Da ich bei meiner Mutter natürlich viel zu wenig Schlaf bekam, war ich logischerweise bei meiner Tante oft völlig unausgeglichen und schlecht gelaunt. Tante Hilde wußte immer sofort, daß ich wieder einmal viel zu wenig geschlafen hatte und legte mich dann mittags direkt in ihr Bett, wo ich zumindest einen Teil nachholen konnte. Danach war ich dann jedesmal „ein ganz anderes" Kind.
Ein weiteres schwerwiegendes Problem war die Tatsache, daß ich bei meiner Mutter in der Wohnung wegen eines verstopften Abflusses jahrelang überhaupt nicht baden oder duschen konnte, und der Grund dafür war einzig und allein der, daß wir keinen Installateur in die Wohnung lassen konnten. Vor meiner Einschulung war dieses Thema noch nicht so akut, als daß es jemandem aufgefallen wäre, da ich aber jetzt am Sportunterricht teilnehmen mußte, schämte ich mich. Jedesmal, bevor ich nachmittags zum Turnen ging, konnte ich mir bei Tante Hilde zumindest die Füße waschen, die wirklich „kohlrabenschwarz" waren. Ich duschte dann auch regelmäßig bei ihr, und nach langer Zeit bekam sie auch meine Schweißfüße in den Griff. Bevor ich bei Tante Hilde duschte, erinnere ich mich noch, daß meine Mutter damals ein Pulver kaufte, das sie mir auf die Haare verteilte und in die Kopfhaut einmassierte. Danach wurden die Haare mit einem Handtuch frottiert, und siehe da, sie waren nicht mehr fettig und schienen wie frisch gewaschen. Ich ließ es geschehen, da ich natürlich nicht mit fettigen Haaren rausgehen wollte, aber ich wußte auch, daß das auf keinen Fall ein Ersatz für Wasser und Seife beziehungsweise Shampoo sein konnte. Dies ist bestimmt auch der Grund, weshalb ich niemals dusche - egal wie oft am Tag -, ohne meine Haare zu waschen.

Wenn wir - wie jeden Abend - von irgendwem kommend, wieder auf dem Heimweg waren, bat ich meine Mutter inständig, sie solle endlich unsere Wohnung aufräumen. Sie versprach mir, sofort am nächsten Tag damit anzufangen. Am nächsten Tag folgte das gleiche Spiel. Sie entschuldigte sich dann immer damit, daß wir ja heute bei der Familie „X" waren und sie dadurch nicht aufräumen konnte. Aber für den nächsten Tag würde sie es sich auf jeden Fall vornehmen. Auch am nächsten Tag

nahm ich ihr das Versprechen ab, nachdem sie mich bei meiner Tante abgeholt hatte, sofort nach Hause zu gehen. Ich weiß nicht mehr, wie oft ich diese Lügen durchgestanden habe, aber ich merkte bald, daß meine Mutter ganz einfach nie die Absicht hatte, irgend etwas an unserem Zustand zu ändern!
Um mich jedoch nicht ganz mit leeren Worten abzuspeisen, lieferte sie mir einmal folgende Vorstellung: Sie begann am Eingang der Kinderzimmertüre ein paar Zeitungen auf die Seite zu räumen und einige in einen Müllbeutel zu werfen. Wie zu erwarten, setzte sie sich, kurz nachdem sie begonnen hatte, völlig „erschöpft" auf das Bett und demonstrierte mir, daß sie *wirklich* versucht hatte aufzuräumen, es aber einfach viel zu schwer war.
Da wir jeden Abend unterwegs waren, hatte ich natürlich auch des öfteren die Gelegenheit, bei einer meiner Freundinnen zu schlafen. Wenn man bedenkt, daß ich zu Hause im Müll hauste, hätte ich eigentlich jede Möglichkeit nutzen müssen, woanders schlafen zu können. Das Gegenteil war jedoch der Fall. Jedesmal - selbst wenn ich schon mit der jeweiligen Freundin im Bett lag - zog ich mich wieder an und ging mit meiner Mutter nach Hause. Die Erwachsenen waren natürlich jedesmal etwas irritiert und fragten immer wieder, warum ich auf einmal doch zu Hause schlafen wolle, aber ich ließ mich nicht davon abbringen. Möglicherweise lag es daran, daß ich meiner Mutter nicht zumuten wollte, alleine in die dreckige Wohnung zu gehen, nach dem Motto „geteiltes Leid ist halbes Leid". Ich weiß, selbst wenn sie alleine gewesen wäre, hätte sie bestimmt nicht über ihr Verhalten nachgedacht, obwohl sie doch jeden Abend aus Wohnungen kam, in denen kein Müll gesammelt wurde, und sie sehen mußte, daß das, was sie tat, alles andere als normal war.

Alles, was ich im Kindergarten und später im Kinderhort gebastelt und gemalt habe, schenkte ich Tante Hilde, denn ich wußte, daß es dort gut aufgehoben war. Bei meiner Mutter wäre es im Müll untergegangen, das war sicher. Ich hatte lange Zeit eine Phase, in der ich nur noch Hände - zumeist schwarze - mit langen roten Fingernägeln malte. Möglicherweise hatte ich dabei immer die meiner Mutter vor Augen. Meine Tante bekam schon die „Krise", aber sie hat alle Bilder aufbewahrt, ebenso wie die Karten, die ich ihr aus dem Urlaub mit meiner Mutter gemalt hatte, als ich noch nicht schreiben konnte. Ich brachte auch sehr viele schöne gebastelte Sachen aus Ton mit nach Hause zu meiner Tante, und auch die hat sie noch alle für mich aufgehoben, denn sie wollte immer, daß ich mich später einmal daran erfreuen kann.
Wie ich die Grundschule geschafft habe, ist mir bis heute ein Rätsel. Ich glaube, daß ein Kind in diesem Alter unheimlich gut vergessen besser

gesagt verdrängen kann - zumindest soweit, daß es mehr oder weniger unbeschwert durchs Leben geht. Natürlich hätte ich gerne mal Freunde eingeladen, so wie diese mich mit nach Hause nahmen, aber ich mußte akzeptieren, daß das nicht möglich war. In meiner Klasse freundete ich mich mit einem Jungen an, der im Nachbarhaus wohnte. Einmal war ich auch bei ihm zu Hause, und ich muß sagen, von seiner Wohnung war ich sehr beeindruckt. In der Küche hatten sie eine langgezogene Theke und rundherum große Hocker. Das hatte ich bis dahin höchstens im Fernsehen gesehen. Seine Mutter und er benahmen sich, als sei dies eine ganz normale Wohnung - die war es ja auch für sie -, aber für mich war es die schönste, die ich je gesehen hatte. Ich bemühte mich sehr, mir das nicht anmerken zu lassen, denn sie hätten sonst - so glaubte ich - daraus geschlossen, daß unsere Wohnung dreckig war, und das war das letzte, was ich wollte.
In unserer Klasse war meine Freundin Heike die absolute Klassenbeste, und auch bei ihr war ich ein paarmal zu Besuch. Dort mußte ich aber sehen, daß ihre Mutter äußerst streng war und Heike alles bis zur Erschöpfung üben mußte, eben bis sie perfekt war - zumindest in den Augen ihrer Mutter. Ich stellte mir vor, daß meine Mutter genauso streng zu mir hätte sein können, wenn dafür nur unsere Wohnung sauber gewesen wäre!

Als ich acht Jahre alt war, zogen meine Tante Hilde und mein Onkel Karl-Heinz zu uns in den Ort. Sie haben das meinetwegen getan, um sich besser um mich kümmern zu können. Von da an konnte ich Schulfreundinnen auch mal mit zu mir *nach Hause* nehmen - nämlich mit zu meiner Tante und meinem Onkel. Das wurde auch praktisch zu meinem Zuhause, da ich dort ebenfalls mein eigenes Bett stehen hatte. Natürlich mußte ich mir oft die Frage gefallen lassen, warum ich sie nicht in mein richtiges Zuhause mitnahm, und darum fing ich an, genau wie meine Mutter, entschuldigende Lügen zu erfinden, um keinem unsere Wohnung zeigen zu müssen. Meine Mutter hatte verständlicherweise verboten, jemanden mitzubringen. Um ganz sicherzugehen, bekam ich auch erst sehr spät einen eigenen Schlüssel. Erst als ich gefestigt schien, keinen in unser Geheimnis einzuweihen, und sie ganz sichergehen konnte, gab sie mir einen Schlüssel.
Ich ging weiterhin nur noch zum Schlafen zu meiner Mutter, die mich abends abholte und anschließend wie immer mit mir durch die Straßen zog. Wenn sie zu Beginn noch zwischen 17.00 und 18.00 Uhr kam, um mich zu holen, so wurde es allmählich immer später, so daß Tante Hilde sie jedes Mal ermahnte, wieder früher zu kommen - teilweise war es oft schon 20.00 Uhr. Sie entschuldigte sich dann mit Überstunden oder den Einkäufen, die sie noch zu erledigen hatte. Meine Mutter machte

sich überhaupt keine Gedanken um mich, denn sie wußte mich ja bestens versorgt! Wenn sie mich dann abholte, brachte sie fast jeden Tag mindestens zwei Einkaufstüten voller Lebensmittel mit. Einmal sah ich, daß sie Äpfel gekauft hatte. Ich bat sie, mir doch einen zu geben, und das tat sie auch. Nachdem ich diesen gegessen hatte, wollte ich einen weiteren. Da meinte meine Mutter jedoch, daß einer genug sei und ich keinen mehr bekommen würde. Meine Tante war außer sich, daß sie einem Kind doch unmöglich sagen könne, es bekomme nichts mehr zu essen. Sie solle froh sein, daß ich überhaupt Obst essen würde.
Ein anderes Mal sah ich, daß sie zwei Tüten Cashewkerne gekauft hatte, die ich genausogerne aß wie sie. Als ich sie darauf ansprach, brüllte sie mich an, ich solle die Finger davon lassen. Ich hätte an ihren Einkaufstaschen nichts zu suchen. Meine Tante erklärte ihr nur ruhig, ich würde ihr doch nichts wegnehmen, denn bei meiner Tante könne ich sogar an die Handtasche gehen, bei ihr gebe es kein solches Verbot. Außerdem wolle ich doch nur sehen, was sie eingekauft habe. Meine Mutter brüllte aber so lange weiter, bis ich von den Taschen abließ. Als wir dann zu Hause waren, wartete sie so lange, bis ich schlief, und aß dann beide Tüten alleine auf. Am Morgen sah ich dann die leeren Tüten auf einer Ecke des Tisches liegen. Sie hatte noch nicht einmal versucht, die leeren Tüten zu verstecken. Oft wollte sie mir auch einreden, daß dies alte Tüten gewesen seien, aber trotz allem Unrat und dem heillosen Durcheinander auf dem Wohnzimmertisch nahm ich jede Veränderung wahr. Ich konnte nicht begreifen, daß sie alles alleine aufgegessen hatte, ohne an mich zu denken. Es tat weh zu sehen, von der eigenen Mutter betrogen zu werden. Ich sprach sie später einmal auf diesen Vorfall an - der nicht einmalig war -, und sie sagte nur: „Ich konnte dich doch dafür nicht extra wecken!" Ich antwortete, daß sie ganz bewußt so lange gewartet hatte, bis ich schlief; sie hätte mich dafür nicht wecken müssen! Aber heute ist das - aus ihrer Sicht - alles nicht mehr wahr. Hält sie mich wirklich für so naiv, daß ich nicht mehr weiß, wie sie sich damals bewußt verhalten hat?
Das „Spiel" mit den Einkaufstüten eröffnete ich jeden Tag aufs neue. Wenn sie schon nicht das Essen mit mir teilte, so hatte ich doch die Genugtuung, daß sie sich maßlos darüber aufregte, wenn ich versuchte, an ihre Taschen zu gehen. Sie brüllte und gab erst Ruhe, wenn meine Tante sie aufforderte, sich wegen einer solchen Lappalie nicht so aufzuführen. Ich verstand nicht, wie sie mir gegenüber so geizig sein konnte. Ich hätte jedesmal heulen können, wenn sie dann wieder zu brüllen anfing, denn ich wußte, sie hatte wieder irgend etwas zu essen gekauft, wovon sie mir auf keinen Fall etwas abgeben wollte. Handelt so eine Mutter?

Sie begann auch immer öfter, sich etwas zu essen mitzubringen, was sie dann bei meiner Tante aß. Den damit verbundenen Abfall ließ sie gleich an Ort und Stelle, und somit hatte sie auch das Müllproblem gelöst. Meine Tante wunderte sich natürlich, daß meine Mutter neuerdings bei ihr aß und darauf bedacht war, den Müll bei ihr zu lassen, dachte sich jedoch zunächst nichts dabei. Später war ihr natürlich klar, warum meine Mutter das getan hatte. Tante Hilde brachte ihr auch einige Male - auf Wunsch meiner Mutter - einen bestimmten Fisch mit. Auch diese Reste wollte sie immer bei meiner Tante lassen, bis diese meine Mutter aufforderte, den stinkenden Abfall runter in den Container zu bringen, denn sonst habe sie den ganzen Geruch in der Wohnung. Da meine Mutter das jedoch nicht tun wollte, entgegnete sie völlig erbost, meine Tante brauche ihr niemals wieder diesen Fisch mitzubringen. Sie war tatsächlich nur zu faul, den Abfall in den Container zu bringen. Eigentlich logisch, zu Hause brachte sie nichts weg, warum also um Himmels willen sollte sie es bei jemand anderem tun?!

Irgendwann in dieser Zeit bekam ich meine erste Zahnspange. Mein Zimmer, in dem wir ja jetzt gemeinsam in meinem Bett schliefen, war nur noch schwer begehbar. Neben dem Bett war auch ein halber Meter hoher Haufen von Zeitungen. Eines Abends steckte ich meine Zahnspange in eine leere Taschentuchtüte und legte sie auf den Zeitungshaufen neben dem Bett. Einen Tag später war meine Zahnspange im Müll untergegangen. Ich geriet in Panik. Was sollte ich dem Kieferorthopäden erzählen? „Ich habe meine Klammer in der Wohnung verloren! Warum? Tja, meine Mutter sammelt Müll, und da ist es eben passiert!" Nur ihretwegen hätte ich jetzt wieder lange warten müssen, bis ich eine neue Klammer bekam. Nach langem Suchen fanden wir sie endlich wieder. Ich war unendlich erleichtert und machte meiner Mutter Vorwürfe, denn wenn sie Ordnung gehalten hätte, wäre so etwas nicht passiert. Sie wiederum ermahnte mich wie damals bei dem kaputten Müllsack, nächstes Mal einfach besser aufzupassen. Damit war für sie das Thema erledigt.

2

In ganz besonders schlimmer Erinnerung habe ich den Tag meiner Kinderkommunion. Schon Wochen vorher fragte meine Tante, wie sich meine Mutter diesen Tag vorstellen würde. Ob sie Fleisch, Salate und sonstiges selber machen, es sich fertig liefern lassen oder sie ganz einfach bei meiner Tante feiern wollte. Meine Mutter hielt sich bedeckt und nahm keinerlei Hilfe an. Statt dessen teilte sie Tante Hilde mit, sie habe sich mit einer Bekannten darüber beraten, „die müsse es schließlich wissen", wieviel Fleisch und sonstiges sie bestellen müßte. Meine Tante stellte daraufhin keine Fragen mehr und ließ meine Mutter diesen Tag so gestalten, wie sie es mit fremden Leuten besprochen hatte.
Wie gesagt, der Tag der Kinderkommunion stand sehr lange fest. Als ich aber merkte, daß sie immer noch nicht anfing, die Wohnung so herzurichten, daß wir endlich auch einmal Besuch haben könnten, bekam ich Panik. Ich warf meiner Tante vor, daß meine Mutter alles alleine machen müsse. Diese erwiderte daraufhin, sie habe wirklich jede erdenkliche Hilfe angeboten, sogar ihre Wohnung zur Verfügung gestellt, aber meine Mutter hatte alles abgelehnt. Meine Tante konnte ja nicht ahnen, warum ich solche Angst hatte. Ich kann es bis heute nicht glauben, doch erst einen Tag vorher begann sie aufzuräumen. Ich versuchte in meinem Zimmer zu schlafen, hörte sie aber die ganze Nacht bis in den frühen Morgen arbeiten. Sie brachte zunächst ein paar Müllsäcke herunter. Da wir aber das ganze Wohnzimmer und die Küche voller Müll hatten, steckte sie den Rest in mein Zimmer, das wir ja bis dahin gemeinsam bewohnten. Ich lag im Bett, hörte, wie sie schuftete und liebte sie sogar dafür, denn sie tat das alles nur für mich. Irgendwie kam es mir auf einmal so vor, als wären irgendwelche fremden Leute dafür verantwortlich, daß unsere Wohnung eine solche Müllhalde war, ganz so, als hätten andere ihren Müll bei uns abgeladen, und jetzt mußte meine arme Mutter diesen Dreck alleine in Ordnung bringen. Es tat mir in diesem Moment unendlich leid, daß ich nicht größer und vor allem kräftiger war, um ihr zu helfen.
Als ich am nächsten Tag aus meinem Zimmer kam, traute ich meinen Augen nicht. Ich konnte durch die Diele, die Küche und das Wohnzimmer laufen, ohne über Müllsäcke und Unrat steigen zu müssen. Ich fand auf einmal, daß wir die *tollste* Wohnung hatten. Daß der Teppichboden überall noch dreckig war und die Küche noch komplett geputzt werden mußte, erschien mir in diesem Augenblick belanglos. Für mich war die Wohnung sauber, zwar nicht so, wie ich es von meiner Tante gewöhnt war, aber für unsere Verhältnisse war sie sauber. Da meine Mutter die ganze Nacht gearbeitet hatte, blieb für ihre Körperpflege nicht

viel Zeit. Sie hatte auch keine Gelegenheit mehr, ihre Haare zu machen, darum setzte sie sich kurzerhand eine Perücke auf. Ich war total geschockt, als ich sie so sah, aber wenn ich daran dachte, was sie für mich *getan hatte*, konnte ich mich an diesen Anblick gewöhnen.

Zuerst gingen wir alle zusammen - meine Tante, mein Onkel, meine Cousine mit Mann und Sohn - in die Kirche. Mein Vater hatte mir ein sehr schönes Kommunionskleid, Lackschuhe und sonstigen Zubehör gekauft, und es hätte ein wirklich schöner Tag werden können. Von Tante Hilde und Onkel Heinz bekam ich mein eigenes Gesangbuch mit meinem eingravierten Namen und war sehr stolz darauf. Außerdem schenkten sie mir einen goldenen, massiven Anhänger mit meinen Initialen, der in Handarbeit gefertigt worden war und ein echtes Unikat ist. Da der Goldschmied - ein Bekannter der beiden - vergessen hatte, einen Stempel einzustanzen, behauptete meine Mutter immer wieder, er sei ja gar nicht echt. Also bemühten sich die beiden, den Stempel im nachhinein doch noch in den Anhänger machen zu lassen, damit sie mit ihrer ungeheuerlichen Behauptung endlich Ruhe geben würde.

Als wir auf dem Weg zu unserer Wohnung waren, meinte meine Mutter zu meiner Tante, sie hätte die Wohnung bis auf das Badezimmer soweit fertig und betonte in einem Atemzug, sie hätte schließlich alles alleine machen müssen. Mir wurde schon etwas mulmig bei dem Gedanken, daß endlich auch alle einmal zu uns kämen. Wie würden sie reagieren, wenn sie die Wohnung sahen, und vor allem genügte ihnen diese Art der Sauberkeit, wie sie mir jetzt genügte vielmehr genügen mußte? Ich merkte schnell - sie reichte ihnen nicht! Meine Tante konnte nicht glauben, daß die Wohnung so dreckig war, obwohl meine Mutter immer schwor, sie hätte für die Kommunion alles in Ordnung gebracht. Meine Tante ahnte ja nicht im geringsten, wie die Wohnung bis zum Vortag ausgesehen hatte! Sie machten daraufhin alle auf dem Absatz kehrt, und Tante Hilde nahm sie mit in ihre Wohnung, wo sie für meine Cousine, deren Mann und Sohn das Mittagessen zubereitete. Am Nachmittag kamen sie dann zurück in unsere Wohnung und begannen zunächst, das ganze Geschirr und das Besteck zu spülen und die Küche zu putzen. Der Wohnzimmertisch war noch völlig zugestellt mit allen möglichen Sachen wie zum Beispiel Flaschen mit Nagellackentferner. Die Toilette war total verdreckt, und auf der Fensterbank standen noch alte Eisbecher.

Mein Opa, der ebenfalls bei uns war, meinte nur immer wieder zu meiner Tante: „Es liegt ihr eben nicht, Ordnung zu halten.“ Er war es auch, der früher immer meiner Tante die Arbeit überließ, während er entschuldigend hinzufügte: „Du weißt doch, es liegt ihr einfach nicht. Erledige du das besser.“

Später kam noch eine Freundin von meiner Mutter, über die ich nachfolgend noch berichten möchte. Mein Onkel war über meine Mutter so schockiert, daß er aus lauter Verzweiflung und Ärger über sie zuviel getrunken hatte. Er wollte, daß meine Mutter endlich die Jalousien öffnete, auf denen zentimeterdick der Staub lag, aber meine Mutter weigerte sich. In einem unbedachten Moment tat er es selbst. Alle konnten sehen, daß der Balkon voll von großen blauen Müllsäcken war, die zum Teil von den Tauben aufgerissen waren und auf denen sie nisteten! Bis zu diesem Augenblick hatte auch ich schon seit Jahren keinen Blick mehr auf den Balkon werfen können. Durch die ungewohnte Betätigung der Jalousie wurden die Tauben aufgeschreckt und flogen davon. Es ekelte mich an, und in dem Augenblick wäre ich vor lauter Schande am liebsten gestorben. Meine Mutter fing an zu brüllen, er solle die Finger davon lassen, und mein Onkel wiederum sagte ihr, was sie für eine dreckige Schlampe sei. Sie griff sofort an die Schnüre der Jalousie und schloß sie wieder. Dabei betonte sie immer wieder, daß es niemanden etwas anginge, wie es bei ihr aussähe, und es keiner wagen solle, nochmals die Jalousie zu öffnen. Ich weiß nicht, ob dieser Vorfall für sie genauso beschämend war wie für mich, aber ich glaube, es war ihr ziemlich egal. Für sie war es doch mittlerweile die normalste Sache der Welt, Müllsäcke in der Wohnung zu haben, nur sollte das nicht unbedingt jemand sehen, und es ging auch niemanden etwas an - schon gar nicht meinen Onkel. Er ging daraufhin, denn das war einfach zuviel für ihn. Meine Tante sagte später, er hätte sich sonst vergessen!

Ich bezweifle, daß meiner Mutter bewußt war, was sie mir an diesem Tag angetan hatte. Was ging in einer Person vor, die uns gerade vor der gesamten Familie bloßgestellt hatte und dann wieder wie gewohnt zur Tagesordnung überging? Hatte sie überhaupt gehört, daß mein Onkel sie - meine eigene Mutter - eine „dreckige Schlampe" genannt hatte? Wenn es sie auch offensichtlich nicht sonderlich berührte, warum dachte sie nicht an mich und hatte versucht, mir eine solche Szene zu ersparen? Was mich ebenfalls sehr traf, war die Tatsache, daß mein Vater sich völlig unbeteiligt gab, denn es war schon immer so, daß er Unannehmlichkeiten aus dem Weg ging. Ich erinnere mich nur noch, daß an diesem Tage jemand meinen Vater mit mir zusammen fotografieren wollte, aber er ließ das nur sehr widerwillig geschehen, denn er haßte es, fotografiert zu werden.

Mein Cousin wollte natürlich mit mir in meinem „Kinderzimmer" spielen, aber ich sagte, daß meine Mutter das verboten hätte. Zum Schutz hatte sie das Zimmer kurzerhand abgeschlossen. Er konnte das logischerweise überhaupt nicht verstehen, und ich war nicht in der Lage, ihm den wirklichen Grund zu verraten.

Für den zweiten Tag hatte ich meine Grundschullehrerin eingeladen. Meiner Mutter hatte ich jedoch vorher gedroht, nie wieder in die Schule zu gehen, wenn sie unsere Wohnung nicht in Ordnung bringen würde. Meine Lehrerin ist nicht sehr lange geblieben, was man ihr nicht verdenken konnte.

Als diese beiden Tage vorbei waren, hatte ich große Hoffnung, die Wohnung würde jetzt endlich so bleiben. Meine Mutter kochte sogar - nach etlichen Jahren - das erste Mal wieder für mich, und ich konnte in der Küche am Küchentisch, auf einem Stuhl sitzend, das Essen genießen. Was eigentlich für jeden selbstverständlich ist, war für mich bis dahin unglaublich. Für mich war das eines der besten Essen, welches ich seit langem gegessen hatte! Ich glaube, wenn sie die Wohnung in diesem Zustand weitergeführt hätte, dann hätte ich ihr das vorangegangene Müllsammeln verziehen. Aber sie wollte anscheinend keine saubere Wohnung, denn sie begann sofort wieder, in ihre alten Gewohnheiten zu verfallen und das Wohnzimmer und anschließend die Küche mit Abfall zu füllen.

Etwas später sollte ich auch erfahren, wohin sie die großen blauen Müllsäcke am Tage vor meiner Kinderkommunion gebracht hatte. Eigentlich war es klar, daß sie unmöglich alle Müllsäcke aus der Küche und dem Wohnzimmer in unsere Container gebracht haben konnte, denn diese wären dann randvoll gewesen, und sie hätten bei weitem nicht ausgereicht. Außerdem hätten sich dann unsere Nachbarn beschwert. Einige Wochen später wollte ich mein Fahrrad haben. Meine Mutter erklärte mir, es sei im Keller, aber ich käme alleine nicht dran. Ich erwiderte, ich sei doch alt genug, in den Keller zu gehen, und würde auch das Schloß wieder richtig zumachen. Sie bestand darauf, es nur mit ihr zusammen zu holen. Als wir vor unserer Kellertüre standen, wußte ich, warum sie so reagiert hatte. Der ganze Keller war voll von diesen großen Müllsäcken, und mein kleines Fahrrad war irgendwo darunter begraben. Sie hatte große Mühe, es herauszuholen. Und wieder einmal war wohl nur ich diejenige, die sich unendlich schämte, denn die einzelnen Keller waren lediglich mit Latten abgetrennt, so daß jeder einzelne im Haus sehen konnte, was in unserem Keller war. Wenn ich bis dahin glaubte beziehungsweise inständig hoffte, meine Mutter hätte sich geändert, so hatte ich mich gewaltig getäuscht. Ich glaubte natürlich, die ganzen Müllsäcke aus unserer Wohnung wären längst auf irgendeiner Müllhalde, mußte jetzt aber sehen, daß sie immer noch ein Teil unseres Lebens waren und es immer sein würden!
Im nachhinein wundert es mich, daß sie nicht noch dazu übergegangen ist, alles aus dem Keller wieder in ihre Wohnung zu schaffen, aber so groß war ihre Sammelleidenschaft dann doch nicht! Die Säcke waren zum Teil nämlich alle sehr schwer, und man mußte aufpassen, daß sie

nicht auseinanderrissen. Wäre dies nicht der Fall gewesen - ich bin mir sicher, sie hätte alle wieder bis in den dritten Stock ins *traute Heim* geholt.

Mein Opa kam kurz darauf in ein Altenheim. Es war sein ausdrücklicher Wunsch, dorthin zu gehen, obwohl ihm seine Kinder davon abrieten, und vor allem Tante Hilde und Onkel Heinz baten ihn, es nicht zu tun, denn sie hätten ihn wie zuvor weiterhin versorgt. Da er aber eine Frau kennengelernt hatte, die in dieses Altenheim ging, wollte er ihr unbedingt folgen. Wie meine Tante es vorausgesagt hatte, konnte er, seitdem er dort war, immer schlechter laufen und wurde bald ein regelrechter Pflegefall. Wir erfuhren, daß die alten Menschen dort Medikamente bekamen, die sie ruhigstellen sollten, damit sie fast den ganzen Tag schliefen und so keine Arbeit machen konnten. Auch mein Opa bekam bestimmte Medikamente und es war kein Zufall, daß er dadurch geschwächt war und mindestens zweimal sehr schlimm stürzte. Meine Tante versuchte immer wieder, ihn zu überzeugen, zumindest in ein anderes Altenheim zu wechseln, aber es nützte nichts.
Ich habe mich immer sehr gefreut, wenn ich mit meiner Mutter zu ihm fuhr. Wir sind dann oft mit ihm in ein nicht weit entferntes Eiscafé gegangen, wo ich, nachdem wir unser Eis gegessen hatten, jedesmal noch ein weiteres von meinem Opa bekam. Zuerst konnte er noch selber laufen, wenn es ihm auch sehr schwer fiel. Ich fand es immer toll, wenn ich ihm meine Hand geben durfte, damit er sich an mir festhalten konnte. Etwas später bekam er dann einen Rollstuhl. Schon bald lag er fast nur noch in seinem Bett, und das Pflegepersonal versäumte sogar, ihn zu rasieren. Manchmal, wenn ich bei ihm war, rasierte ich ihn und schnitt und säuberte seine Fingernägel. Ich habe das immer sehr gerne getan, denn ich liebte meinen Opa. Das Pflegepersonal amüsierte sich köstlich über mich, und ihnen war wohl nicht bewußt, daß das eigentlich ihre Aufgabe gewesen wäre.
Ich bekam von meinem Opa jedesmal 5,- DM, aber irgendwie war es mir immer unangenehm, sie anzunehmen, denn ich wollte nicht, daß er glaubte, ich würde ihn nur wegen seiner Geschenke besuchen. Der Hauptgrund für dieses Gefühl war das Verhalten meiner Mutter. Jedesmal, wenn wir bei meinem Opa waren, bat sie ihn - kurz bevor wir gingen -, ob er ihr nicht etwas Geld geben könnte. Meine Mutter war schon immer sehr knapp bei Kasse, und obwohl mein Opa selbst kein Geld hatte, gab er ihr immer etwas. Später erfuhr ich dann, daß meine Tante meinem Opa jedesmal Geld brachte, damit er sich helfen konnte und dieses Geld an meine Mutter weitergab. Es kam natürlich auch oft vor, daß wir zusammen mit meiner Tante meinen Opa besuchten oder aber daß wir uns dort trafen. Wenn meine Tante dann wieder nach Hause

fahren wollte beziehungsweise Onkel Heinz sie dort abholte, fragte sie uns, ob wir nicht mit ihr fahren wollten. Meine Mutter begann dann jedesmal einen Streit wegen völliger Nichtigkeiten, und meine Tante konnte sich dieses Verhalten überhaupt nicht erklären. Sie fragte sich immer wieder, ob sie vielleicht etwas falsch gemacht hatte und ließ die Szenen jedesmal Revue passieren, aber sie kam zu keinem Schluß. Es war auch völlig sinnlos, warum wir mit der Bahn nach Hause fuhren, wenn wir es mit dem Auto wesentlich bequemer gehabt hätten. Allerdings gab es für das Verhalten meiner Mutter eine ganz einfache Erklärung. Wenn meine Tante auch dort war, konnte sie unmöglich meinen Opa um Geld bitten. Später habe ich dann meiner Tante erklärt, wieso ihre Schwester sich ihr gegenüber immer so verhalten hat, und da wurde ihr klar, daß meine Mutter immer bewußt einen Streit angefangen hatte.

Nur zwei Jahre nachdem mein Opa in das Altenheim gegangen ist, starb er. Es war tatsächlich so, daß mit dem dortigen Einzug seine Gesundheit steil bergab ging. Sofort nach seinem Tod bemühten sich Änni, Inge und meine Mutter, das Erbe untereinander aufzuteilen. Mein Opa hinterließ zwar ein Haus in Ehrenfeld, aber durch seinen Aufenthalt im Altenheim war nicht sehr viel Geld übriggeblieben. Eine Cousine war als Erbvollstreckerin beauftragt. Das Haus wurde verkauft, und die drei waren darauf bedacht, nicht ganz leer auszugehen. Meine Mutter tat sich plötzlich mit ihrer Schwester Inge zusammen - die sich bis dato nie richtig verstanden hatten -, und man ging gemeinsam gegen meine Tante Hilde vor. Meine Mutter beschuldigte meine Tante, sie habe längst ihren Anteil bekommen und wolle versuchen, alle anderen auszubooten. Dabei hatte Tante Hilde längst auf ihr Erbe verzichtet und das schon schriftlich dem Anwalt mitgeteilt. Erst als ich meiner Mutter eine Kopie dieses Schreibens an ihre Küchentüre hängte, hörte sie mit diesen miesen Beschuldigungen auf.
Da meine Mutter jetzt Geld geerbt hatte, ging sie mit mir *einkaufen*. Ich hatte mir eine Jeanshose gewünscht. Als sie sah, daß die Hose circa 100,- DM kosten würde, meinte sie aber, sie würde mir nur 50,- DM dazu tun, denn sie sei ihr einfach zu teuer. Zur selben Zeit hatte meine Cousine Astrid, eine Tochter von Inge, Geburtstag. Ihr kaufte meine Mutter eine weiße Hose, die mindestens so teuer war wie meine Jeans. Sie rechtfertigte sich mit den Worten: „Astrid ist schließlich mein Patenkind."
Wieder einmal hatte meine eigene Mutter es fertiggebracht, daß ich mir wie ein Stück Dreck vorkam. Es hörte sich wirklich so an, als sei ein Patenkind in der „Rangordnung" etliche Etagen höher anzusiedeln als das eigene Kind. Sie gab mir das Gefühl, völlig minderwertig zu sein. Tante Hilde war außer sich, als ich ihr das erzählte.

Meine Mutter ging wie selbstverständlich bei meiner Tante und meinem Onkel ein und aus. Natürlich kam es auch mal vor, daß meine Tante vor unserer Türe stand. Einmal nämlich wollte meine Tante mir meinen Schulranzen bringen, den ich noch bei ihr stehen hatte. Meine Mutter machte ihr aber nicht die Türe auf! Meine Tante klingelte daraufhin irgendwo im Haus und stand kurz darauf doch vor unserer Wohnungstüre und klopfte. Meine Mutter mußte daraufhin die Türe öffnen - aber nur gerade so weit, daß der Ranzen hindurch paßte. Sie ließ ihre eigene Schwester tatsächlich wie einen Bittsteller vor der Türe stehen! Ich konnte meine Tante sehen, und wieder einmal war wohl nur ich diejenige, die sich schämte. Natürlich war mir klar, daß Tante Hilde unsere Wohnung so nicht sehen durfte, aber wenn meine Mutter ordentlich gewesen wäre, hätte sich dieses Problem gar nicht erst gestellt. Einen Tag später entschuldigte sich meine Mutter sogar bei meiner Tante. Sie sei so überrascht über ihren Besuch gewesen, daß sie einfach „vergessen" habe, meine Tante hineinzubitten. Das täte ihr sehr leid. Glaubte meine Mutter wirklich, daß man ihr so eine *Entschuldigung* abnahm?
Sie sagte sogar des öfteren ganz klar nein, als beispielsweise mein Onkel und auch meine Tante bei uns vorbeikamen und sie baten, unsere Toilette zu benutzen. Auf die Frage „Warum?" sagte sie nur immer wieder nein. Die beiden konnten nicht begreifen, wie meine Mutter selbst in so einer Situation so hart sein konnte - später verstanden sie das natürlich. Damals mußten sie dann sehen, daß sie schnell zu sich nach Hause kamen. Logischerweise fingen die beiden an, sich über dieses Verhalten Gedanken zu machen, aber sie konnten nicht im entferntesten ahnen, warum sie so behandelt wurden.
Gleiches widerfuhr auch einer Frau, die einmal zu uns kam. Ihre Tochter war an diesem Tag zusammen mit Andrea und mir auf dem Spielplatz gewesen und dort von einem Mann geschlagen worden. Sie suchte daraufhin alle möglichen Kinder auf, die das Geschehene bezeugen konnten. Irgend jemand hatte ihr auch unsere Adresse gegeben. Sie stand also oben vor unserer Türe, war völlig aufgelöst, und meine Mutter machte auch ihr ebenfalls nur einen Spalt die Türe auf. Sie fragte mich durch den Türspalt, ob ich bezeugen könne, daß ihre Tochter geschlagen wurde. Ich konnte es nicht, denn ich wurde erst auf die Szene aufmerksam, als es schon passiert war, und das sagte ich ihr. Sie tat mir sehr leid, denn unter normalen Umständen hätte man sie hereingebeten und versucht zu beruhigen. Bei meiner Mutter bekam sie aber noch den letzten „Tritt", damit sie sich auch noch vorkam, als hätte sie um Almosen gebettelt.

Einen Abend holte mich meine Mutter bei meiner Tante ab, und auch an diesem Tag mußte ich mir wieder einige Fragen über mein Zuhause gefallen lassen. Ich verstand Tante Hilde vollkommen, daß sie nach Erklärungen für das Verhalten ihrer Schwester suchte, aber ich mußte doch meine Mutter beschützen. Es kam mir vor, als wollte man mich aushorchen und versuchen, meine Mutter in irgendeiner Weise schlecht zu machen. Das konnte ich auf keinen Fall zulassen, denn die Wohnung war unser großes Geheimnis, und niemand durfte jemals davon erfahren. Auf dem Heimweg weinte ich und beschwor meine Mutter, sie solle mich nie wieder zu meiner Tante bringen. Dieser Wunsch tat sich nicht auf, weil ich meine Tante nicht mehr mochte, es war vielmehr so, daß ich dem täglichen Druck, mich nicht zu verraten, nicht mehr standhalten konnte und wollte. Das tägliche Hin und Her war zuviel für mich geworden. Auf der einen Seite sah ich unsere Wohnung, auf der anderen die meiner Tante und meines Onkels. Hier sah ich, daß es möglich war, daß eine Wohnung auch anders aussehen konnte. Dann wurde mir immer bewußt, daß unser Zuhause nicht normal war. Meine Mutter erwiderte auf meine Bitte nur, ich solle mich noch etwas zusammenreißen, da wir meine Tante noch brauchen würden. Wenn ich größer sei, könne ich ja alleine zu Hause bleiben. Damit mußte ich mich begnügen.
Als Andrea damals hörte, daß ich nicht mehr zu meiner Tante wollte, entgegnete sie: „Deine Tante war dir immer gut!“ Es stand außer Frage, daß das richtig war, und ich wollte ja auch bei meiner Tante bleiben. In Zukunft mußte ich eben noch vorsichtiger sein mit dem, was ich den beiden über die Wohnung meiner Mutter erzählte.

Die Wochenenden verbrachte ich dann immer öfter bei meiner Tante und meinem Onkel in deren Wochenendhaus in der Eifel. Dort hatte ich mein eigenes, frisch gemachtes Bett, mein Onkel ließ mir morgens ein tolles Bad ein, und wenn ich danach an den mit Liebe gedeckten Tisch kam, wurde gemeinsam gefrühstückt. Mein Onkel liebte es, vor uns aufzustehen und uns zu verwöhnen. Er hatte extra für mich Milch warm gemacht und für alle ein Ei gekocht und war immer darauf bedacht, daß wir genug zu essen bekamen und es uns schmeckte. Danach gingen wir meist spazieren, oder ich spielte mit den anderen Kindern draußen auf den Feldern. Unten am Haus war ein kleiner Bach, aus dem ich hin und wieder einige Kaulquappen mitbrachte, die ich unbedingt „großziehen“ wollte. Tante Hilde ekelte sich davor und brauchte immer einige Tage, um mir begreiflich zu machen, daß sie es in der Freiheit besser haben würden. Außerdem gab es noch jede Menge Hühner, Schafe und Katzen. Besonders eine der Katzen, Tobi, hatte es mir angetan - nach ihr benannte ich auch später meine Schildkröte. Sie ge-

horchte wirklich aufs Wort, denn wenn wir am Wochenende in unserem Haus ankamen, rief ich nach ihr, noch ehe ich richtig ausgestiegen war. Sie kam dann tatsächlich sofort von einem der Felder hergelaufen und begrüßte mich.
Einmal waren wir gerade zur rechten Zeit dort, als auf dem Bauernhof direkt neben uns eine Kuh kalbte. Ich konnte miterleben, wie um die Vorderfüße des Kalbes Seile gewickelt wurden und es schließlich ganz aus der Kuh herausgeholt wurde. Dann wurde es mit Stroh abgerieben und zum Säugen zur Mutter gelegt. Das war natürlich ein einmaliges Erlebnis. Bisher hatte ich mit Kühen immer eine Menge Spaß gehabt, denn Onkel Heinz hatte mir gezeigt, wie man sie dazu bringt herumzuspringen. Dazu benötigt man nur kleine Steinchen, die man gezielt auf das Hinterteil der Kuh abfeuert. Die sonst trägen Kühe werden auf einmal richtig flink und springen und rennen, was das Zeug hält. Genau das haben wir mit den Kühen des Bauern gemacht, der mir ermöglicht hatte, bei der Geburt des Kalbes dabeizusein. Es war aber auch sein eigenes *Pech*, daß ausgerechnet an seiner Koppel ein Schotterweg entlangführte. Wir wurden natürlich nie erwischt, ließen es dann aber auch ganz bleiben, denn mir taten die Kühe schon leid, und ich wollte nicht, daß die Milch sauer wurde. Wenn wir wanderten, dann waren wir oft mehrere Stunden unterwegs, aber während der ganzen Tour fragte ich nicht einmal, wann wir endlich unser Ziel erreichen würden. Schon von klein auf lief ich genauso lange und weit wie die „Großen“, und meine Tante und mein Onkel waren davon immer ganz begeistert. Oft unterbrachen wir unsere Wanderungen und kehrten in einem Eiscafé ein. Wenn wir unser Eis aßen, dann war Onkel Heinz immer zuerst damit fertig. Danach tat ich es ihm gleich, und weil wir beide sahen, daß Tante Hilde noch genüßlich mit ihrem Eis beschäftigt war, meinten wir dann immer: „Dem letzten müssen die anderen beiden helfen.“ Natürlich löffelten wir ihr nicht den ganzen Becher weg!
Bei schlechtem Wetter spielten wir zusammen „Mensch ärgere dich nicht“, „Mühle“, „Dame“, oder wir machten ein Puzzle. Hier fühlte ich mich geborgen, und hier gehörte ich hin. Wir waren hier eine richtige Familie, und ich genoß die Wochenenden, schon allein, weil ich aus unserem Dreck flüchten konnte. Hier war im wahrsten Sinne des Wortes eine total andere Welt.
Tante Hilde und Onkel Heinz wunderten sich immer wieder aufs neue, warum viele Sachen, die sie mir im Laufe der Jahre geschenkt hatten, nie wieder auftauchten. Meine Mutter - nie um eine Ausrede verlegen - erklärte dann nur, ich sei herausgewachsen, oder sie habe es aus Versehen falsch gewaschen. Also bekam ich von den beiden immer wieder neue Sachen geschenkt, denn dadurch, daß mein Onkel Handelsvertreter im Textilbereich war, brachte er immer tolle T-Shirts und Pullis mit.

Im Alter von circa fünf Jahren besuchte ich mit meiner Tante Onkel Heinz auf der Kölner Messe am Stand seiner Firma. Ich bekam verschiedene T-Shirts und führte diese auch vor. Wenn mich potentielle Kunden fragten, welche Sachen der Kollektion ich mir denn aussuchen würde, sagte ich immer, ich würde alle nehmen, denn mir würde alles gefallen. Der Fabrikant meines Onkels fand das natürlich toll, denn es gab keine bessere Werbung als die ehrliche Meinung eines Kindes. Ich wurde ohne Ende mit Eis versorgt und hatte einen riesigen Spaß. Wir haben auch später noch oft von diesem Tag gesprochen.

Im Laufe dieser Zeit fing ich an, meine Mutter mit dem Vornamen anzusprechen. Die ersten Male hielt sie das noch für einen Scherz, merkte aber bald, daß ich sie bewußt nur noch so ansprach. Sie gab dann auch irgendwann auf, mich zu ermahnen, ich solle sie mit „Mutter" anreden. Möglicherweise hatte ich längst erkannt, daß das Wort „Mutter" auf sie nicht zutraf, da sie sich nicht wie meine beziehungsweise eine Mutter verhielt. Ich konnte ja immer den Unterschied sehen zwischen dem Verhalten meiner Tante und meinem Onkel mir gegenüber und dem ihren. Mein Vater ist an diesem Wandel auch nicht ganz unschuldig, denn wenn er über meine Mutter sprach, nannte er sie ebenfalls nur Anni.
Mein Vater holte mich oft ab, und wir gingen dann immer Kuchen essen und anschließend ins Kino. Manchmal fuhren wir zu den Rheinwiesen, wo wir uns dann in die Sonne legten. Oft kam es auch vor, daß er mich mit zu einem Kunden nahm, wo er die Fenster putzte und wir anschließend auch mit Kuchen und sonstigem versorgt wurden. Ich fand natürlich schön, wenn die Leute sich dann um mich kümmerten und ganz verzückt waren, mich endlich kennenzulernen. Manche sagten auch, ich solle doch öfter mitkommen.
Wenn schönes Wetter war, packte mein Vater unsere Räder ins Auto, und fuhr irgendwo ins Bergische Land, wo wir eine Radtour machten. Da ich noch nicht soviel Kraft hatte, fuhr mein Vater einen Großteil der Strecke neben mir her und schob mich an. Vorher kochte er immer für mich. Da er früher Profiradsport betrieben hatte, mußte er immer etwas essen, das ihm nicht so schwer im Magen lag. Also gab es bei ihm von Sonntag bis Freitag Steak mit Reis und am Samstag Milchreis und vorher noch zwei Brötchen mit Fleischwurst. Das hielt er schon seit Jahren so. Wenn ich bei ihm den Milchreis aß, kam es oft vor, daß meine Augen wieder größer waren als der Magen. Wenn mein Vater dann merkte, daß ich genug hatte, durfte ich ohne weiteres aufhören, und er aß dann meinen Rest. Er betonte jedesmal aufs neue, daß ihm meine Suppe immer besser schmecken würde, da ich sie so gut gezuckert hatte. Ich war dann immer richtig stolz, und vor allem fand ich es schön,

wenn mein Vater für mich kochte. Auch wenn es immer das gleiche war, so aß ich es doch immer wieder gerne. Dadurch bin ich wohl bis heute immer „offen" für Reis.
Fast jedesmal, wenn ich bei meinem Vater war, zeigte er mir das Sparbuch, das er für mich angelegt hatte und auf das er wöchentlich 50,- DM einzahlte. Es war schön, daß er so an mich dachte, obwohl ich mir nie vorstellen konnte, wieso ich dieses Geld brauchen sollte, denn er kaufte mir doch schon alles, was ich wollte.
Er fragte mich immer, ob ich irgend etwas benötigte. Bejahte ich diese Frage, so ging er kurz darauf mit mir und kaufte mir das Gewünschte. Ich bekam immer ein großes Taschengeld und war dadurch sehr auf Geld fixiert. Bestes Beispiel dafür ist die Situation, als ich im Alter von circa fünfeinhalb Jahren im Krankenhaus lag, wo man mir die Mandeln entfernte. Am nächsten Tag waren alle bei mir: meine Mutter, mein Onkel mit meiner Tante und mein Vater. Er stand in der Tür und fragte mich: „Willst du Geld?" Natürlich beantwortete ich diese Frage mit „Ja"! Daraufhin meinte er: „Das bekommst du nächstes Mal, denn ich habe jetzt keins!" Ich fing fürchterlich an zu weinen, und bis auf ihn hatten alle Angst, meine Wunde könnte durch diesen Vorfall wieder aufbrechen.
Er brachte mir auch bei, daß Pfennige und Zehnpfennigstücke kein richtiges Geld seien, sondern nur Silbergeld und Scheine. Keine Frage, daß ich ihm das glaubte, denn ich wußte, daß ich für Silbergeld offensichtlich mehr kaufen konnte. Wenn mich dann meine Tante mit Zehnpfennigstücken in einen Eisladen schicken wollte, weigerte ich mich so lange, bis sie mir endlich Silbergeld gab. Sie und mein Onkel brauchten sehr lange, bis ich begriff, daß diese Regel meines Vaters ganz einfach Unsinn war.

Mein Vater gab mir schon seit ungefähr meinem siebten Lebensjahr 50,- DM pro Woche - viel zuviel Taschengeld für mein Alter. Mit Geld glaubte er auch immer, mich strafen zu können. Als Anni und ich in unserer Wohnung wohnten, kam Papa einmal zu Weihnachten zu uns. Ich hatte kurz vorher eine kleine Kamera bekommen, aus der ich mit Wasser spritzen konnte. Ich sehe heute noch vor mir, wie ich mich vor meinen Vater hinstellte und meinte: „Papa, lach doch mal." Statt des erwarteten Photos bekam er etwas Wasser ab. Er sprang wutentbrannt auf, riß mir den Photoapparat aus der Hand, öffnete das Fenster und warf ihn einfach auf die Straße. Er schrie, ich solle so etwas nie wieder machen und wie Anni mir überhaupt ein solches Spielzeug habe kaufen können. Dann ging er und ließ sich ein halbes Jahr nicht mehr sehen. Ich war total geschockt und konnte nicht begreifen, warum er derart böse auf mich reagierte, denn ich hatte doch nur Spaß machen wollen. Anni beruhigte mich und meinte nur: „Jetzt siehst du mal, wie dein Vater ist!" Sie ver-

sicherte mir, er sei nun einmal so komisch und ich müsse mich damit abfinden. Wenn er jetzt nicht mehr kommen würde, sei das nur aus dem einen Grund, daß er mich mit dem damit verbundenen Geldentzug strafen wollte.
Irgendwann stand er dann einfach wieder vor der Tür. Ich wußte nicht, wie ich damit umgehen sollte, war aber froh, daß er endlich wieder zu mir kam.

Da ich immer genug Geld hatte, konnte ich mir mein damaliges Hobby, das Reiten, natürlich bezahlen. Meine Freundin Andrea und ich gingen jeden Tag auf einen Reiterhof ganz in unserer Nähe und sind fast jeden Tag geritten. Dabei fällt mir ein, daß Andrea mich jeden Morgen bei Tante Hilde abholen mußte, denn da ich täglich duschte und meine Haare wusch, die damals fast bis zum Po reichten, brauchte ich ziemlich lange, bis ich fertig war. Ich weiß noch, daß Andrea ganz „wild" darauf war, meine Haare zu fönen und zu kämmen. Ich fand das immer toll und zugegeben sehr praktisch.
Jeder von uns hatte sein „eigenes" Pferd, und wenn wir nicht ritten, pflegten wir die beiden Ponys und hatten eine Menge Spaß. Eine Reitstunde kostete 15,- DM, und wenn ich doch einmal kein Geld hatte, dann lieh mir ihre Tante das Geld. Ich wehrte mich jedesmal, das Geld überhaupt anzunehmen, denn mir war schon damals klar: Wenn ich kein Geld hatte, konnte ich mir auch nichts kaufen. Die Tante von Andrea wußte, daß ich ihr das Geld kurz darauf wieder zurückzahlen würde, aber es widerstrebte mir trotzdem, für mein Hobby Schulden zu machen.
Wenn ich wieder einmal kein Geld hatte, dann lag das nicht etwa daran, daß ich die ganzen 50,- DM ausgegeben hatte, sondern vielmehr daran, daß Anni das Geld bekommen hatte. Manchmal wartete sie vor der Türe, bis mein Vater mich wieder nach Hause gebracht hatte, und fragte sofort, ob ich wieder Taschengeld bekommen hätte. Natürlich konnte ich sie nicht anlügen. Zuerst fragte sie ganz freundlich, ob ich ihr das Geld geben würde. Meine Antwort darauf war immer ein klares „Nein". Daraufhin wurde sie richtig wütend und sagte jedesmal: „Bah, was bist du für ein widerlicher Panz. Nein, was bist du widerlich! Aber halt es ruhig, du wirst schon sehen, was du davon hast." Wenn sie so mit mir sprach, kam ich mir jedesmal vor, als hätte ich etwas Furchtbares getan. Ich kam mir sehr gemein vor, meiner Mutter, die mal wieder knapp bei Kasse war, nicht mit meinem Geld auszuhelfen. Zum Schluß bekam sie selbstverständlich mein Geld und war wieder lieb zu mir, denn ich sollte ja auf keinen Fall bereuen, ihr mein Geld gegeben zu haben. Später einmal darauf angesprochen, meinte sie nur, ich hätte das Geld aber auch doppelt und dreifach zurückbekommen. Sie hätte

mir ja schließlich immer meine Comichefte gekauft. Tja, das stimmt - nur: Die drei Hefte, die ich jede Woche von ihr bekam, kosteten auf keinen Fall 50,- DM! Außerdem mußte ich nicht selten sogar um diese Hefte noch bitten und betteln, obwohl sie mein Geld bekommen hatte. Oft war es auch so, daß sie meinte: „Tut mir leid, aber ich habe keine müde Mark mehr im Portemonnaie!" Gleichzeitig kaufte sie sich jedoch eine Packung Zigaretten - dafür reichte es dann immer! Das Ehepaar, dem der Kiosk gehörte, bot mir jedesmal an, ich solle das Heft einfach mitnehmen und es dann später bezahlen, aber das nahm ich nie in Anspruch. Ich wollte auf keinen Fall so werden wie meine Mutter, die jede Mark umdrehte und sich zusätzlich noch bei Bekannten Geld leihen mußte. Ich ließ es dann schweren Herzens von ihnen zurücklegen und kaufte es mir dann kurze Zeit später.

Meine Mutter konnte, so lange ich denken kann, noch nie mit Geld umgehen. Als ich circa sieben Jahre alt war, holte ich sie mal in ihrer Firma ab. Wir gingen auf dem Heimweg in eine Sparkasse, wo sie einen Termin hatte. Das Gespräch war sehr unangenehm, denn wenn ich auch nicht genau wußte, um was es ging, so verstand ich dennoch, daß meine Mutter sich Geld geliehen hatte und die Bank dieses Geld jetzt zurückforderte. Meine Mutter beteuerte immer wieder, sie würde sich jetzt anstrengen und es bestimmt schaffen, die Schulden zu tilgen. Der Mann hatte ein Einsehen und verschaffte ihr einen weiteren Zahlungsaufschub. Zufällig war auch mein Onkel in der Sparkasse. Er konnte sich vorstellen, daß meine Mutter ziemliche Probleme hatte, und später erzählte mir Tante Hilde, daß er drauf und dran gewesen war, ihr das Geld zu geben, doch das wäre natürlich auch keine Lösung gewesen.
Meine Tante und mein Onkel haben ihr schon sehr oft Geld geliehen oder ihr Zeit gelassen, es ihnen für Dinge zurückzuzahlen, die sie ihr mitgebracht hatten. Dadurch, daß mein Onkel sehr aktiv im Karneval war, gingen sie oft auf Sitzungen. Meine Mutter nahmen sie dann immer mit, und da sie ja wußten, wie es um ihre finanzielle Situation bestellt war, luden sie diese immer dazu ein.
Aber auch bei Freunden und Bekannten lieh sich Anni immer wieder Geld. Oft bei mehreren gleichzeitig, und es war ihr dabei noch nicht einmal unangenehm, wenn ich hörte, wie sie um Geld bat. Die Tante von Andrea, Katharina, erzählte mir einmal, daß sie das Geld von ihr aber immer zurückbekommen habe, egal, wie lange es auch dauerte - das müsse man Anni lassen. Bei ihr „lieh" sie sich auch immer Briefmarken, weil sie gerade keine hatte. Bis Katharina sich weigerte, ihr auch nur noch eine zu geben, denn sie sollte sich endlich selbst welche kaufen oder ihr zumindest das Geld dafür geben.

Selbst noch Jahre später, als ich nicht mehr bei ihr wohnte, bat sie Bekannte, ihr zumindest - ich kann es immer noch nicht glauben - mit Brot und Butter auszuhelfen. Es ist für mich unbegreiflich, daß sie nie gelernt hat, mit Geld zu haushalten.

Mein großes Taschengeld war bis dato nie ein Problem, denn das Teilen fiel mir nicht schwer. Dies ist aber nicht damit zu verwechseln, daß ich mir Freundschaften erkaufen mußte, denn das brauchte ich in keiner Weise. Ich prahlte auch nie mit dem, was ich hatte, denn für mich war es ganz normal, immer Geld in der Tasche zu haben. Mein Onkel brachte mir schon sehr früh bei, zumindest immer 20 Pfennige bei sich zu haben, um auf jeden Fall noch telefonieren zu können, wenn man einmal in Not sei.
Erst als ich nach der Grundschule auf das Gymnasium für Mädchen kam, fingen tatsächlich fremde Leute an, sich über die Höhe meines Taschengeldes Gedanken zu machen.
Vor dieser Einschulung mußte ich mit meiner Mutter zunächst zu einem Gespräch in meine zukünftige Schule. Da es eine sehr streng katholische Schule war, wollte die Nonne den Grund wissen, warum ich ausgerechnet auf diese Schule gehen sollte. Meine Mutter war auf diese Frage vorbereitet und antwortete einfach, dies sei der letzte Wunsch ihrer Mutter gewesen, daß ihr Enkelkind auf diese Schule käme. Ob die Nonne das geglaubt hat, weiß ich nicht, aber ich wurde aufgenommen.
Bevor sich meine Mutter für das Gymnasium entschieden hatte, beriet sie sich zunächst mit meiner Grundschullehrerin, die vollkommen überzeugt war, daß ich dafür die notwendigen Voraussetzungen hatte. In meiner neuen Klasse waren Mädchen, deren Vater Arzt war oder deren Eltern einen anderen - so fand ich - tollen Beruf hatten. Sie wurden teilweise von ihren Eltern richtig gedrillt, damit sie entsprechende Leistungen erbrachten. Ich glaube, ich kam mir in dieser Klasse regelrecht fehl am Platze vor, denn ich hatte kein eigenes, sauberes Kinderzimmer, und meine Eltern waren geschieden. Trotzdem freundete ich mich mit einigen an.
Ich war immer sehr stolz, wenn mich mein Vater von der Schule abholte, denn dann sahen meine Schulkameradinnen, daß ich auch einen Vater hatte, der sich um mich kümmerte. Manchmal kam er mich dort fast täglich abholen, dann wieder einige Tage überhaupt nicht, er verlangte jedoch, daß ich auf jeden Fall vor der Schule auf ihn warten sollte. Meine Tante hatte daraufhin eine heftige Diskussion, in der sie ihm unmißverständlich klar machte, daß ich auf keinen Fall dort auf ihn warten würde, sondern mit meinen Klassenkameradinnen die Bahn nehmen würde. Die Schule lag nämlich im Bahnhofsviertel, und es war nicht gerade der rechte Ort für ein Kind, sich dort alleine aufzuhalten. Au-

ßerdem war ohnehin nie gewiß, ob er überhaupt kommen würde, und so wäre ich dann gezwungen gewesen, ganz alleine in der U-Bahn zu stehen und nach Hause zu fahren. Er verstand die Sorge meiner Tante nicht und antwortete: „Na und, das ist doch nicht schlimm." Ich hielt mich natürlich an die Anweisung meiner Tante, und wenn mein Vater dann vergebens kam, weil schon mal eine Stunde ausfiel, wurde er sehr wütend und sagte in vorwurfsvollem Ton: „Ich war an der Schule, und du warst nicht da!" Tante Hilde antwortete ihm dann, daß ich völlig richtig gehandelt hatte, denn ich war schließlich wohlbehalten zu Hause angekommen, und das sei doch das wichtigste. Er war dann aber jedesmal verstimmt und drohte, mich in Zukunft überhaupt nicht mehr abzuholen.

Es fiel mir zunehmend schwerer, dem Unterricht zu folgen, und meine Noten wurden zusehends schlechter. Hinzu kam, daß ich überzeugt war, daß einer meiner Lehrer, ein Studienrat, mich nicht leiden konnte. Eines Tages wurde ich während des Unterrichts durch eben diesen Studienrat zum Direktor bestellt. Ich hatte mächtig Angst, aber er war ein sehr netter Mann und wollte einfach einmal mit mir über meine Noten sprechen. Durch etliche Telefonate gestört, sagte ich ihm, ich wolle mich in Zukunft mehr anstrengen, und er meinte zum Abschluß unseres Gespräches, er glaube, ich würde es auch schaffen. Ich verließ das Büro und hatte das Gefühl, wir wußten beide, daß dies nicht der Fall war.

An einem Morgen - es stand an diesem Tag eine Mathematikklassenarbeit bei dem Studienrat auf dem Programm - bekam ich mit Anni einen höllischen Streit. Wir standen im Badezimmer und brüllten uns nur noch an. Ich weiß nicht mehr, um was es eigentlich ging, aber auf einmal schlug sie mir ins Gesicht und brachte mir mit einem ihrer langen Nägel eine blutende Wunde unterhalb des linken Auges bei. Erst als ich in den Spiegel sah, bemerkte ich, was sie mir angetan hatte. Ich ging auf sie zu und drohte ihr mit erhobener Hand, sie solle nie wieder wagen, mich noch einmal anzufassen. Sie bekam Angst und meinte, ich wolle doch nicht etwa die eigene Mutter schlagen. Ich sagte ihr, ich würde sie kaputtschlagen, wenn sie noch einmal Hand an mich legen würde. Ich wäre in diesem Moment wirklich zu allem fähig gewesen, und das spürte sie. Ich schaute immer wieder in den Spiegel und dachte nur an meine Klassenarbeit und was die anderen sagen würden, wenn sie mich so sahen. Ich glaubte in diesem Moment, anhand der Wunde könnte jeder sehen, wie es passiert war.
In meiner Not verließ ich sofort die Wohnung und ging in die Telefonzelle bei uns an der Ecke. Ich rief bei meiner Tante und meinem Onkel an und fragte meine Tante, ob ich vorbeikommen könne. Sie war er-

staunt, daß ich um diese Zeit anrief, noch dazu mit einer solchen Bitte, hörte mir jedoch sofort an, daß etwas nicht stimmte. Als ich bei ihnen ankam, begann ich bitterlich zu weinen und brauchte eine ganze Weile, ehe ich überhaupt erzählen konnte, was geschehen war. Als meine Tante mich so sah, sagte sie immer wieder: „Nicht weinen, du mußt nicht weinen", dabei liefen ihr ebenfalls die Tränen über die Wangen. Mein Onkel wurde dermaßen wütend, daß er sofort Anni anrief und ihr drohte, wenn sie mich noch einmal anrührte, dann würde er sich vergessen. Er nannte sie eine dreckige Schlampe und ob sie überhaupt wüßte, was sie getan hatte, denn ich müßte doch heute eine Klassenarbeit schreiben. Anni hatte nicht mit diesem Anruf gerechnet und konnte nichts erwidern. Sie traute sich aber auch nicht, einfach aufzulegen.
Nachdem ich mich etwas beruhigt hatte, fragte meine Tante, ob ich nicht zu Hause bleiben wollte, ich würde auch eine Entschuldigung bekommen. Aber ich wollte unbedingt in die Schule, denn wenn ich schon schlecht war, so sollte es nicht noch so aussehen, als ob ich mich drükken würde. Ich schrieb diese Arbeit, und natürlich wurde sie genauso schlecht wie die anderen zuvor.

Während dieser Schulzeit im Gymnasium „lebte" ich mit Anni wieder im Wohnzimmer zusammen. Nach meiner Kinderkommunion hatte sie es natürlich wieder geschafft, die Küche komplett mit Müll zu füllen. Ich weiß noch genau, wie ich einmal im Sommer nach Hause kam und einen riesigen Durst hatte. Schon seit Tagen gab es nichts mehr zu trinken bei uns, weil sie einfach mal wieder kein Geld hatte. Als ich ins Wohnzimmer kam, stand neben dem Bett, auf dem Anni saß und Fernsehen guckte, eine angebrochene Flasche Cola. Ich sagte nur noch: „Endlich wieder Cola!" und setzte die Flasche an. Ich trank mindestens die Hälfte aus, während Anni seelenruhig zuschaute. Als ich die Flasche absetzte, sagte sie lauthals lachend, das sei eine alte Flasche gewesen und da hätte doch schon der Schimmel drauf geschwommen. Und dann mit hämischem Ton: „Das ist, wenn man so gierig ist und den Hals nicht voll kriegt - da bist du selber schuld!" Ich schaute auf die Flasche, in der von Schimmel nichts mehr zu sehen war, und unbeschreiblicher Ekel stieg in mir hoch. Als sie sah, daß ich total verzweifelt war, sagte sie, ich solle versuchen, mir den Finger in den Hals zu stecken. Also rannte ich sofort auf die Toilette, aber ich wußte gar nicht, wie ich das anstellen sollte, und so blieb die ganze schimmelige Cola in mir. Ich spülte mir mehrmals mit Wasser den Mund um, aber es war nicht zu ändern. Jetzt war ich nicht nur von außen dreckig - so fühlte ich mich in dieser Umgebung -, sondern auch noch von innen, und nichts konnte das jetzt noch rückgängig machen. Ich warf ihr vor, wie sie eine solche Flasche überhaupt aufbewahren könne, denn so etwas hätte niemals passieren dürfen. Sie antwortete, ich hätte doch gewußt, daß die Flasche dort schon seit langer Zeit stand und eben besser aufpassen müssen - das sei meine eigene Schuld gewesen! Wie so oft zuvor wies sie jede Schuld von sich und versuchte tatsächlich wieder einmal, mich für alles verantwortlich zu machen! Ich kam mir noch niemals im Leben so elend vor, und das schlimmste daran war, daß meine eigene Mutter mich dafür ausgelacht hatte! Wie konnte sie nur so herzlos sein?

Ebenfalls in dieser Zeit bekam ich die Windpocken. Nachdem diese vom Arzt festgestellt worden waren, rief meine Tante Anni in der Firma an und teilte ihr die „frohe" Botschaft mit. Kaum zu glauben, aber Anni antwortete: „Damit kann die Vera aber unmöglich nach Hause kommen. Ich kann mir nicht erlauben, auch die Windpocken zu bekommen, denn ich muß schließlich arbeiten." Meine Tante erwiderte, daß mein Onkel und sie sich ebenfalls anstecken könnten und mein Onkel schließlich auch arbeiten müsse, aber das zählte für Anni nicht. Also blieb ich während der gesamten Krankheit bei meiner Tante und meinem Onkel. Sie pinselte mir jeden Tag mehrmals die einzelnen Pusteln mit Zinksalbe ein und pflegte mich wieder gesund. Heute sagt Anni, sie hätte mich erst zu meiner Tante gebracht, als die Ansteckung vorüber war, aber ich kann mich beim besten Willen nicht erinnern, daß Anni mir auch nur ein einziges Mal die Pusteln behandelt hat. Glaubt sie wirklich, ich weiß nicht mehr, daß sie ihr krankes Kind einfach ablieferte und ein gesundes wieder mit nach Hause nahm?

Diese ganzen Dinge trugen natürlich nicht gerade dazu bei, daß ich in der Schule meine Leistungen erbrachte, wie ich es eigentlich gekonnt hätte. Zu groß war diese Belastung mit unserer Wohnung, und so nahm ich mir eines Tages im Alter von elf Jahren vor, mein Zimmer selbst aufzuräumen. Ich saß bei meiner Tante und sagte ihr, ich ginge jetzt nach Hause und würde mein Zimmer aufräumen. Meine Tante wunderte sich zwar, daß ich das so sehr betonte, fand meinen Vorsatz aber toll. Auf dem Heimweg war ich voller Elan und dachte, es könnte gar nicht so schwer sein, mein Zimmer wieder in Ordnung zu bringen. Ich wußte, ich würde das, was meine Mutter über Jahre gesammelt hatte, nicht alles an einem Nachmittag wieder rausschaffen, aber ich würde es ganz alleine hinbekommen. Zu Hause schlug mir der widerliche Geruch entgegen, und ich öffnete die Tür zu meinem Zimmer. Die Tür ließ sich nur einen Spalt öffnen, da der Unrat den Eingang versperrte. Ich nahm mir eine Plastiktüte und begann, einen Teil der Zeitungen einzupacken. Die Tüte war direkt voll, und ich begriff, daß ich diese Invasion Müll unmöglich alleine bewältigen konnte. Ich weinte und konnte nicht glauben, daß meine eigene Mutter aus meinem Kinder-

zimmer eine solche Müllhalde gemacht hatte - entgegen all ihren Versprechungen. Ich stand eine ganze Weile wie gelähmt da, während mir die Tränen herunterliefen, und plötzlich war mir klar, daß ich Hilfe brauchte. Ich wußte, niemand durfte in die Wohnung, aber ohne ein sauberes Zimmer war es mir nicht möglich, in der Schule meine Leistungen zu erbringen. Es war einfach eine zu große Belastung, und der einzige Weg, diesem Fluch etwas zu entkommen, war, zumindest mein Zimmer vom Müll zu befreien.
Ich hatte keine andere Wahl, als jemanden um Hilfe zu bitten, denn ich war einfach zu klein, um alles alleine zu machen, und ich wußte überhaupt nicht, wo ich anfangen sollte.

In meiner Not rief ich Tante Hilde an und bat sie, zu mir zu kommen und mir zu helfen.

3

Meine Tante machte sich sofort auf den Weg - bewaffnet mit einem Leder, einem Staubtuch und Gummihandschuhen. Während sie unterwegs war, überlegte ich zwar noch, ob es richtig war, daß ich sie angerufen hatte, aber mir war bewußt, daß ich nur auf diesem Weg wieder ein eigenes, sauberes Zimmer bekommen würde.
Als sie dann bei mir war, versuchte ich, sie auf das, was sie erwarten würde, vorzubereiten, aber auf so etwas kann man niemanden vorbereiten, dafür war es zu unglaublich. Das erste, was Tante Hilde entgegenschlug, war der schreckliche Geruch, und sie versuchte sich davor zu schützen, indem sie ihre Hand vor den Mund hielt. Als sie dann mein Zimmer sah, war sie dermaßen geschockt, daß sie immer wieder fragte, ob ich wirklich in diesem Müll gelebt hätte, und daß sie von all dem keine Ahnung gehabt habe. In ihren schlimmsten Träumen habe sie sich so etwas nicht ausmalen können. Sie zeigte mir ihr Staubtuch und die anderen Sachen und meinte immer wieder, sie habe geglaubt, etwas Staub zu wischen oder die Fenster zu putzen, aber mit so etwas habe sie niemals gerechnet.
Sie ging auch in unser Badezimmer und sah sich natürlich unsere Toilette an. Sie stutzte, weil neben der Toilette ein Eimer mit etwas Undefinierbarem, Getrocknetem stand. Auf ihre Frage erklärte ich ihr, daß unsere Toilette einmal verstopft gewesen sei und Anni einfach in diesem Eimer ihr „Geschäft" verrichtet hätte und dieser schon mehrere Wochen dort stand. Ich konnte sehen, wie es sie anekelte, daß Anni so etwas getan hatte. Den Eimer warf sie direkt fort, obwohl ich große Bedenken hatte, daß Anni das merken würde, aber diese Sorge war völlig unbegründet!
An diesem Tag konnten wir verständlicherweise noch nicht beginnen, mein Zimmer vom Müll zu befreien, denn meine Tante mußte das Gesehene erst einmal verarbeiten und darüber nachdenken, wie wir ohne das Wissen von Anni am besten vorgingen, denn diese hätte unser Vorhaben sofort unterbunden. Aber meine Tante versprach mir, daß sie mir auf jeden Fall helfen würde, und ich wußte, ich war jetzt nicht mehr alleine mit meinem Problem.
Wir verbrachten jede freie Minute in meinem Zimmer und brauchten eine ganze Zeit, bis man es überhaupt wieder einigermaßen betreten konnte. Da wir die großen Müllsäcke unmöglich alle in unsere Hauscontainer schmeißen konnten - mit denen wären wir auch gar nicht ausgekommen -, lud mein Vater alle in seinen Wagen und fuhr sie auf die Müllkippe. Manchmal warf er sie auch einfach in einen Container, der am Straßenrand stand, und wenn er uns das erzählte, lachten wir

und sagten ihm, er habe viel Mut, denn er dürfe sich dabei nicht erwischen lassen. Mein Vater sah nun auch zum ersten Mal, wie ich bis jetzt leben mußte. Bis dahin hatte er zum Beispiel immer darauf geachtet, daß ich bei Anni Butter statt Margarine bekam, und um sicherzugehen, daß dies auch geschah, brachte er mir regelmäßig ein Paket Butter mit. Daß ich natürlich weitaus größere Probleme hatte, konnte er nicht wissen. Jetzt mußte er selber sehen, wie nichtig das doch gewesen war, obwohl ich immer schön fand, wenn ihm soviel daran lag, daß ich etwas Anständiges zu essen bekam.

Bevor meine Tante und mein Vater mir halfen, wollte ich einmal einen unserer großen blauen Säcke runter zum Container bringen. Ich hatte keinen Kellerschlüssel, um ihn in die Container zu werfen, die bei uns im Hof standen. Also brachte ich ihn kurzerhand um die Ecke in die Mülltonnen, die zwar noch zum gleichen Eigentümer gehörten, aber eben nicht für uns vorgesehen waren. Ich war richtig stolz, diesen schweren Sack weggebracht zu haben, denn das war natürlich wieder einer weniger, den wir in der Wohnung hatten. Nur wenig später klingelte es an unserer Türe. Da Anni noch arbeiten war und ich niemandem aufmachen durfte und es natürlich auch nicht konnte, betätigte ich zwar den Türöffner, hielt aber die Wohnungstür geschlossen. Ich konnte hören, wie jemand die Treppe hinaufkam. Ich war gerade so groß, um durch den Spion zu schauen und sah, wie unser Hausmeister mit eben diesem blauen Müllsack die Treppe heraufkam. Er konnte mich zwar nicht sehen, aber er wußte natürlich, daß ich zu Hause war. Gleich darauf fing er fürchterlich an zu schimpfen, wir sollten gefälligst unseren Müll zu Hause halten, anstatt ihn in Tonnen zu schmeißen, die nicht zu unserem Haus gehörten. Noch während er sprach, kippte er den ganzen Sack auf unserer Fußmatte aus und verschwand. Ich wartete, bis er gegangen war, und räumte voller Angst den Müll zurück in den Sack und nahm ihn wieder in die Wohnung. Ich hoffte inständig, daß niemand im Haus mit angehört hatte, was passiert war. Ich begann zu weinen, denn wieder einmal hatte ich vergeblich versucht, wenigstens einen kleinen Teil unseres Mülls loszuwerden, und wieder war ich gescheitert. Und auch diesmal kam ich mir unbeschreiblich dreckig vor, denn der Hausmeister mußte doch gesehen haben, was in dieser Mülltüte war, und ich glaubte, er könne daraus schließen, wie unsere Wohnung aussah und daß es jetzt bald alle Nachbarn wissen würden. Am Abend, als Anni kam, hatte ich mich zwar etwas beruhigt, aber ich erzählte ihr natürlich von dem Vorfall. Sie war außer sich und beschwerte sich umgehend bei unserem Vermieter über diesen Hausmeister. Seit dieser Zeit hatte ich große Angst vor diesem Mann, er war nämlich nicht nur sehr unansehnlich, sondern hatte irgendwie etwas Unheimliches an sich, was natürlich durch den Vorfall noch verstärkt wurde. Der große Schlüsselbund, den er an der Hose trug, wirkte auf mich fast genauso einschüchternd, als wenn er eine Pistole getragen hätte. Von nun an wechselte ich die Straßenseite, wenn er mir entgegenkam und war allgemein darauf bedacht, ihm nicht mehr zu begegnen.

Meine Tante nutzte jede freie Zeit, um mein Zimmer sauberzumachen, und mein Vater brachte weiterhin einen Großteil des Mülls weg. Es war sehr schwer, überhaupt einen Anfang zu finden. Durch die vielen Zeitschriften wurden die Müllsäcke sehr schnell sehr schwer, und wir mußten aufpassen, daß sie nicht rissen. In bezug auf diesen ganzen Müll war uns erst sehr viel später klar, daß durch dieses zusätzliche, gewaltige Gewicht die Statik des Hauses beziehungsweise unseres Fußbodens eine solche Last unter Umständen nicht mehr lange getragen hätte und sich in solchen Fällen bereits erste Risse gebildet haben könnten. Ohne sich dieses Risikos bewußt zu sein, setzte Anni somit noch andere Menschen einer möglichen Gefahr aus!
Wir fanden alte Essensreste und verschimmelte Eier, die noch in der Schachtel steckten sowie jede Menge gebrauchter Kaffeefilter, die überall im Zimmer verstreut lagen. Hinzu kamen noch etliche Gläser, in denen ursprünglich zum Beispiel Senfgurken oder Silberzwiebeln waren, jetzt jedoch nur noch der Schimmel zu sehen war. Außerdem lagen gebrauchte Papiertaschentücher herum und benutzte Unterwäsche sowie andere Kleidungsstücke.
Wir mußten dabei immer die Zeit nutzen, in der Anni arbeiten war, und verständigten uns nicht selten durch Klingelzeichen. Einmal kam meine Tante auch wieder zu mir, und als sie klingelte, erschien Anni am Fenster, ohne jedoch den Türöffner zu betätigen. Um sich nicht zu verraten, rief meine Tante ihr zu, sie hätte mir nur Bescheid geben wollen, daß ich sie jetzt in der Tennishalle erreichen könne. Meine Mutter schöpfte keinen Verdacht, und so machten wir am nächsten Tag unbehelligt weiter. Damit Anni nicht in mein Zimmer gehen und sehen konnte, was wir in ihrer Abwesenheit machten, schloß ich einfach die Türe ab.
Es ist unglaublich, was wir alles im Müll fanden. Der Schmuck von meiner verstorbenen Oma tauchte wieder auf, den Anni damals unbedingt hatte haben wollen und der schon seit Jahren so unter dem Müll verschüttet lag. Außerdem fanden wir eine Sofortbildkamera, die sie sich einmal gekauft hatte und von deren Existenz sie bis dato keine Ahnung mehr gehabt hatte. Durch meinen Onkel hatte ich all die Jahre hindurch immer aktuelle T-Shirts und Sweatshirts bekommen, die jedoch, wie zuvor erwähnt, nach einer Weile verschwanden. All diese Kleidungsstücke fanden wir jetzt wieder, und meine Tante verstand,

warum sie diese Sachen bisher nie mehr gesehen hatte. Wir holten insgesamt über 50 große blaue Müllsäcke allein aus meinem Zimmer. Man muß sich mal vorstellen, daß mindestens die gleiche Anzahl jeweils für Küche und Wohnzimmer auch noch vorhanden war, nicht zu vergessen die circa 15 Säcke auf dem Balkon und noch der komplette Keller. Tante Hilde wusch mir meine Bettwäsche, auf der die Figuren der Sesamstraße waren, die sie mir einmal genäht hatte, und ich konnte zum erstenmal wieder in meinem eigenen Bett - noch dazu ganz alleine - schlafen. Zum erstenmal seit ewig langer Zeit hatte ich wieder ein eigenes, sauberes Zimmer.

Als mein Zimmer wieder in Ordnung war, schaltete mein Vater das Jugendamt ein. Er klärte sie darüber auf, daß die Mutter seiner Tochter in der gesamten Wohnung Müll sammeln würde, und nachdem er und meine Tante mein Zimmer geräumt hätten, müßten sie nun dafür sorgen, daß der Rest der Wohnung auch vom Müll befreit würde. Weiterhin klärte er sie darüber auf, daß ich dort nicht ordnungsgemäß versorgt würde. Tatsächlich schickte das Jugendamt jemanden, der aber nicht viel - besser gesagt gar nichts - unternahm. Er nahm Anni lediglich das Versprechen ab, bis zum nächsten Mal die Küche in Ordnung zu bringen, und verschwand wieder. Anni schaffte dann den Müll aus der Küche, so daß diese wieder einigermaßen begehbar war, aber das war dann auch schon alles. Ob sie den Müll in die Container brachte oder sie einfach nur ins Wohnzimmer warf, kann ich nicht sagen, denn dieses Zimmer hielt sie fortan immer abgeschlossen. Eine weitere Meldung meines Vaters an das Jugendamt änderte dann überhaupt nichts mehr am Zustand der Wohnung, und Anni fühlte sich natürlich recht sicher.

Nachdem Anni jetzt wußte, das mein Zimmer wieder sauber war und meine Tante mir geholfen hatte, wurde sie wütend und verlangte, daß meine Tante nie wieder einen Fuß in ihre Wohnung setzen dürfe, wenn sie dies nicht ausdrücklich erlauben würde. Sie erzählte sogar der Mutter von zwei Klassenkameradinnen von dieser Aktion. Frau Zander - eine ehemalige Sozialarbeiterin! - rief daraufhin meine Tante an und machte ihr über eine Stunde lang Vorwürfe hinsichtlich dieser „verwerflichen" Aktion. Sie besaß die Frechheit, meine „arme" Mutter in Schutz zu nehmen, und machte Tante Hilde klar, sie habe in der Wohnung meiner Mutter während deren Abwesenheit nichts zu suchen. Meine Tante erwiderte, sie würde mir jederzeit wieder helfen, denn ich habe sie schließlich um diese Hilfe gebeten, und sie würde es nicht eine Sekunde bereuen. Sie als Sozialarbeiterin müßte doch am besten wissen, daß wenn ein Kind sie um Hilfe bittet, sie diese auch gewährt. Frau

Zander besaß sogar die Dreistigkeit, meiner Tante zu sagen, man sollte mich von dieser Schule nehmen, da ich diese sowieso nicht schaffen würde und meine Eltern außerdem geschieden wären. Tante Hilde konnte nicht glauben, was sie da hörte, und erwiderte, daß es völlig unerheblich sei, ob die Eltern eines Kindes geschieden seien oder nicht und machte sie darauf aufmerksam, daß ihr eigener Mann doch schon der Opa ihrer Kinder sein könnte. In der Tat war der Vater meiner Schulkameradinnen schon weit über 70, und sie waren damals auch erst 11 Jahre alt! Weiterhin warf mir Frau Zander vor, ich würde mir mit meinem Geld Freundschaften erkaufen. Sie konnte mir das doch unmöglich vorwerfen, nur weil ich ihre beiden Kinder hin und wieder zu einem Stangeneis von damals 10 oder 20 Pfennigen eingeladen hatte, weil die beiden selbst dafür kein Geld bekamen. Wie wir später erfuhren, hatte Anni Frau Zander erzählt, daß ich mir Freundschaften erkaufen würde, denn da sie jetzt nicht mehr mein Taschengeld bekam, versuchte sie auf diese Weise, sich quasi an mir zu rächen!

Wenig später wußten wir, warum Frau Zander wollte, daß ich von der Schule ging. Sie war eine von mehreren Eltern inklusive des Studienrats, die im sogenannten Elternvorstand waren. Man hatte gemeinsam entschieden, daß ich nicht in diese Klasse passen würde, und so wurde uns nahegelegt, ich solle in die Realschule der gleichen Schule wechseln. Ich dachte noch daran, wie ich während meiner Sommerferien jeden Tag einen Englischlehrgang besuchte, nur um meinen Anschluß in der Schule nicht zu verpassen, und mein Vater diesen Kursus, der ein paar tausend Mark gekostet hatte, bezahlte. Jetzt war also alles umsonst gewesen, nur weil ein paar Eltern, die sich für etwas Besseres hielten, entschieden hatten, ich könne unmöglich mit ihren Kindern in die gleiche Klasse gehen.
Eine Genugtuung hatten wir aber doch. Die beiden Kinder von Frau Zander schafften auch nicht das Gymnasium, obwohl ihr Vater sich trotz seines hohen Alters noch an der Uni weiterbildete, um seinen Töchtern unter anderem in der Mathematik helfen zu können. Da sieht man wieder, daß es doch noch Gerechtigkeit gibt!

Nachdem ich dann auf die Realschule gewechselt hatte, war ich eine der besten Schülerinnen, und plötzlich machte mir die Schule auch wieder richtig Spaß. Ich wußte, daß ich das Gymnasium nicht etwa nicht geschafft hatte, weil ich dumm war, sondern weil ich bisher eine zu große Belastung getragen hatte, über die ich bis vor kurzem mit niemandem hatte reden können. Da jetzt die beiden wichtigsten Menschen in meinem Leben, nämlich Tante Hilde und Onkel Heinz, wußten, wie ich bisher gelebt und welchem enormen Druck ich standgehalten hatte, war ich einfach freier.

Nicht lange nachdem ich auf die Realschule ging, bekam ich an meinem linken Unterarm eine kreisrunde Allergie. Es entstanden große, mit Wasser gefüllte Pusteln, die zunächst sehr schmerzten und anschließend fürchterlich juckten. Anni ging mit mir zu einem Hautarzt, der jedoch keine einwandfreie Diagnose stellen wollte, ohne einen Abstrich zu machen. Da ein solcher Abstrich jedoch sehr schmerzhaft ist, ließ er es. Statt dessen mußte ich die Stelle mit Zinksalbe bestreichen und anschließend einen Verband anlegen. Ich war mir sicher, daß diese Allergie nur mit unserer dreckigen Wohnung zusammenhängen konnte. Ich hatte Angst, der Arzt könnte an meinem Arm „ablesen", daß ich bisher im tiefsten Dreck gelebt hatte und daß dies jetzt die Konsequenz war. In der Schule konnte ich nicht mehr am Sportunterricht teilnehmen, da der Arm bei jeder Bewegung schmerzte. Zunächst entstanden immer wieder neue Pusteln, und es dauerte eine ganze Weile, bis schließlich alles komplett abgeheilt war und zurück lediglich einige Narben blieben. In der Schule trug ich so lange den Verband, bis man wirklich nichts mehr sehen konnte. Meine größte Sorge war tatsächlich, daß meine Schulkameradinnen nichts mehr mit mir zu tun haben wollten, wenn sie die Allergie sahen. Ich glaubte, sie würden daraus schließen, daß ich unsauber oder mein Zuhause dreckig wäre, und das wollte ich natürlich unter allen Umständen verhindern.
Rückblickend glaube ich heute, daß diese Allergie der Beginn war, an dem mein Körper plötzlich anfing, auf verschiedenes allergisch zu reagieren - allem voran begann mein Heuschnupfen. Die Ursache dafür war mit hundertprozentiger Sicherheit der seelische Streß, den ich bis dato mitgemacht hatte.

Eines Tages habe ich wie immer meine Wasserschildkröte saubergemacht und bin danach noch weggegangen. Die Schildkröte hatte ich mir vor etwa drei Jahren gekauft, und sie war mein ein und alles. Anni hatte Besuch von ihrer Freundin, die damals auch auf meiner Kinderkommunion war. Ich mochte diese Frau nicht, da ich immer merkte, daß sie Anni in Schutz nahm. Wenn wir im Sommer mit ihr und ihrem Sohn verabredet waren, um im Freibad schwimmen zu gehen, wurde Anni immer auf die letzte Minute fertig. Den Nudelsalat machte sie erst am gleichen Morgen, und gepackt wurde auch kurz vorher, so daß die Frau immer auf uns warten mußte. Tja, und eben diese Freundin war jetzt nach so langer Zeit wieder bei ihr zu Besuch und saß mit Anni in der notdürftig aufgeräumten Küche.
Als ich mein Zimmer abschloß, hörte ich, wie die beiden anfingen zu lachen. Ich gab mir große Mühe, nicht zu laut mit meinem Schlüssel zu hantieren, denn es war mir selbst unangenehm, daß jemand mitbekam, wie ich innerhalb unserer Wohnung mein Zimmer abschloß. Ich wußte

zwar, daß ich nur diese eine Wahl hatte, mein Zimmer vor Anni regelrecht zu schützen, aber andererseits widerstrebte mir dieses Verhalten. Es war natürlich völlig unsinnig zu glauben, die Freundin von Anni wüßte nicht Bescheid, aber ich hoffte, Anni hätte soviel Anstand, niemandem davon zu erzählen, denn dann hätte sie doch auch erklären müssen, warum ich mein Zimmer abschloß. Ich konnte mir gut vorstellen, daß sie ihren Freunden und Bekannten ihre eigene Version über mein Verhalten darlegte, und das machte mir Sorgen. Auf jeden Fall hatte ich ein ganz ungutes Gefühl, als ich die Wohnungstüre hinter mir zuzog, denn die beiden lachten auffallend laut, und es hörte sich sehr gekünstelt an. Ich spürte, daß die beiden - sobald ich weg war - irgend etwas vorhatten, aber ich wußte beim besten Willen nicht, was es sein konnte. Ich fühlte, daß es etwas mit mir oder mit meinem Zimmer zu tun hatte, aber da es abgeschlossen war, wähnte ich mich einigermaßen in Sicherheit.

Am Abend kam ich nach Hause und merkte sofort, daß in meinem Zimmer etwas nicht stimmte. Ich öffnete meinen Schrank im Schreibtisch, in dem ich den Schmuck meiner Oma, ein Bild meiner Oma und meines Opas, die Sofortbildkamera und andere Sachen aufbewahrte, die wir alle im tiefsten Müll wiedergefunden hatten. Alles war weg, und ich kann kaum beschreiben, wie ich mich in diesem Moment gefühlt habe. Sie hatte es tatsächlich gewagt, einfach in mein Zimmer einzubrechen und alle Sachen herauszuholen, von deren Existenz sie bis dahin keine Ahnung mehr gehabt hatte. Ich konnte nicht begreifen, daß sie das getan hatte, und ich haßte sie dafür. Das schlimmste war noch nicht einmal, daß sie die ganzen Sachen einfach herausgeholt hatte, sondern daß sie mit einer dreisten Selbstverständlichkeit in mein Zimmer eindrang, welches wir in mühevoller, harter Arbeit saubergemacht hatten, und dort ganz normal hineinging. Ich fühlte mich erniedrigt, aufs äußerste bloßgestellt und hintergangen. Diesen Verrat werde ich ihr niemals verzeihen können.

Darauf angesprochen, meinte sie nur lapidar, daß das schließlich alles ihre Sachen gewesen seien und es nur ihr gutes Recht war, sie sich wieder zu nehmen. Ich hielt ihr vor, daß sie doch gar nicht mehr gewußt hatte, daß diese Sachen überhaupt noch in ihrem Besitz waren, doch das stritt sie ab und meinte, sie habe immer genau gewußt, wo die ganzen Sachen gewesen seien.

Wenn sie so im Recht war, wie sie behauptete, warum war sie dann so feige und brauchte für diese hinterhältige Aktion Unterstützung? Warum hat sie es dann nicht alleine gemacht? Ich schätze, sie hatte Angst, denn sie hat wohl nie meine Reaktion vergessen, als sie mich mal ins Gesicht schlug und dabei verletzte. Wenn ich bei ihrem Vorhaben unvorbereitet hinzugekommen wäre, hätte ich mich ohne weiteres auf sie

gestürzt, und darum sicherte sie sich einfach mit ihrer *tollen* Freundin ab.
Meine Tante war äußerst böse über die Handlungsweise von Anni, und auch sie verlangte, daß sie mir die - in unseren Augen - gestohlenen Sachen zurückgeben sollte. Aber Anni weigerte sich natürlich. Daraufhin bekam ich von meinem Onkel ein Steckschloß, und Anni war außer sich, wie er es wagen könne, ihrem Kind so etwas zu geben. Dies sei schließlich ihre Wohnung, und ich könne sie unmöglich von diesem Zimmer fernhalten. Ich konnte, und von nun an war ich mir sicher, daß sie nie mehr ohne mein Wissen in mein Zimmer eindringen konnte.

Sie besaß sogar die Frechheit, mir zum nächsten Weihnachtsfest die Sofortbildkamera *zu schenken*, die wir im Müll wiedergefunden hatten. Einen Haken hatte die Sache natürlich. Sie konnte die Kamera „einfach nicht finden", versprach aber, sie zu suchen und mir dann später zu schenken. Darauf *warte* ich bis auf den heutigen Tag. Bis auf das Versprechen, die Kamera zu bekommen, gab es an diesem Weihnachten gar nichts! Auch sonst bekam ich von Anni zu Weihnachten oder zum Geburtstag immer wahnsinnig *sinnvolle* Geschenke, wie beispielsweise im Alter von circa zwölf Jahren eine kleine Box mit Unmengen an Schminke, ein anderes Mal eine Probepackung aus der Apotheke (zum Aktionspreis von 12,50 DM) mit verschiedenen Cremes, mit denen ich damals noch überhaupt nichts anfangen konnte und schließlich einmal kurze Shorts, die jedoch so *teuer* waren, daß es zum passenden Oberteil nicht mehr reichte - sie jedoch kaufte sich beides, aber das war natürlich etwas ganz anderes!
Apropos Weihnachten: Man konnte auch bei Anni sehen, wenn die Adventszeit begann. Sie hatte dann - und das ist kein Witz - zwischen all dem Müll, der sie umgab, auf dem Tisch, der ebenfalls vom Abfall überquoll ein Gesteck stehen, dessen Kerzen sie auch anzündete. Nicht auszudenken, wenn dadurch ein Brand entstanden wäre. Jetzt im nachhinein ist es mir unbegreiflich, mit welcher Bravour sie dort versuchte, eine „Adventsstimmung" herzustellen.
Wenn dann im Fernsehen der päpstliche Segen übertragen wurde, saß sie immer ganz andächtig davor und segnete sich. Sie, die nie in die Kirche gegangen ist und so unchristlich mit ihrer eigenen Tochter umging, holte sich von allerhöchster Stelle den Segen und glaubte wohl sicher, damit wäre alles getan. Es war ein absolut lächerliches Bild, das sie mir jedes Jahr aufs neue bot.

Als meine Oma damals starb, wollte Anni unbedingt bestimmte Schmuckstücke und die Krippe, die meine Oma und mein Opa damals in liebevoller Kleinarbeit aus Kork und Holz gebastelt hatten, behalten.

Sie bekam das alles und auch die Krippe. Wir fanden Teile der Krippe im Keller und später, als auch sie in eine andere Wohnung zog, wurde die Krippe so in Mitleidenschaft gezogen, daß sie diese kurzerhand wegschmiß. Es wäre doch, im Gedenken an ihre Eltern, ihre Pflicht gewesen, sie für mich aufzubewahren, damit sie noch viele Generationen erfreut hätte. Ich bat sie auch mehrmals darum, mir doch die Krippe zu geben, aber sie beharrte darauf, daß diese nur ihr gehören würde. Tja, und jetzt hat niemand mehr etwas davon. Bei Anni war es schon immer so, daß sie alles haben wollte, und wenn sie es dann hatte, war ihr völlig egal, was daraus wurde. So hielt sie es mit allem.

Anni kannte seit längerer Zeit eine Frau - nennen wir sie Rogalla -, die ein Kind mit einem Farbigen hatte, der jedoch verheiratet war. Anni und Frau Rogalla verbrachten sehr viel Zeit miteinander, und da diese Frau nicht sehr viel Geld hatte (für Zigaretten reichte es jedoch auch bei ihr immer!), brachte Anni ihr des öfteren Lebensmittel mit. Frau Rogalla traf sich auch weiterhin mit dem Vater ihres Sohnes, obwohl sie von ihm keinerlei finanzielle Unterstützung bekam und auch nicht erwarten konnte. Anni warnte sie immer wieder vor ihm, aber da wurde sie erneut schwanger. Da sie keine Verwandten hatte und während der Zeit ihrer Entbindung nicht wußte, wohin sie ihren Sohn Daniel geben konnte, nahm Anni ihn tatsächlich mit zu sich nach Hause. Man muß sich das einmal vorstellen: die Küche - vom Balkon ganz zu schweigen - war wieder hoch voll mit Müll, und das Wohnzimmer war auch nicht gerade im besten Zustand, und sie nahm zu allem Übel noch einen kleinen Jungen von gerade sechs Jahren mit nach Hause. Da sie jedoch weiter arbeiten mußte, nahm sie ihn kurzerhand mit in die Firma und erklärte dort die mißliche Lage von Daniels Mutter. Ich schlief in meinem sauberen Zimmer, und die beiden hausten im Wohnzimmer. Jeden Morgen sah ich, wie sie Daniel half, sich etwas zu waschen und anzuziehen. Sie kümmerte sich recht rührend um ihn, und auch hier konnte ich wieder sehen, daß er viel fürsorglicher behandelt wurde, als sie es mit mir je getan hatte. Ich war wohl etwas eifersüchtig auf ihn, obwohl ich nicht zum erstenmal zu spüren bekam, daß andere „mehr wert waren". Es kam mir schon so vor, als schenkte sie ihm besonders viel Aufmerksamkeit, denn sie wollte ja auch nach außen hin gut dastehen. Bekannte und Arbeitskollegen sollten sehen, daß sie sich einem fremden Jungen, der Hilfe brauchte, annahm. Außerdem mußte doch dann jeder annehmen, ihre Wohnung sei sauber, denn die Mutter von Daniel hätte diesen doch sonst unmöglich in Annis Hände gegeben.
Nachdem Frau Rogalla mit ihrer Tochter Barbara wieder zu Hause war, ging auch Daniel wieder zurück. Anni brachte weiterhin einige Lebensmittel mit und glaubte dadurch, dort auch ein gewisses „Bleiberecht"

zu haben, doch Frau Rogalla machte das dann nicht mehr sehr lange mit. Es kam, wie es kommen mußte: Die beiden stritten sich, und Anni meinte dann nur, daß sie sich wieder einmal von jemandem habe ausnutzen lassen. So etwas würde sie nie wieder tun.
Bei fremden Leuten konnte meine eigene Mutter völlig aufdrehen und Dinge tun, die sie für ihre Tochter beziehungsweise für ihre Familie nie getan hätte. Sie hat schon immer alles für andere getan und wenig oder besser gesagt nichts für „ihre Leute“ oder für die, denen sie tatsächlich zu Dank verpflichtet war. Bei ihren Freundschaften war sie oft der gebende Teil, und daher ist es auch nicht verwunderlich, daß sie ständig wechselnde Freunde hatte, denn dies konnte auf Dauer nicht gutgehen. Ich kenne nicht eine Freundin von Anni, die sie beispielsweise so lange kennt wie ich meine Freundin Andrea. Dabei zeichnet gerade eine lange Freundschaft aus, daß man sich vertraut und jederzeit auf den anderen verlassen kann - in guten wie in schlechten Zeiten, wie es so schön heißt. Ich glaube, solch etwas Wertvolles hat Anni niemals richtig kennengelernt.

In meinem Zimmer konnte ich nun auch meine Rotwangen-Schmuckschildkröte, Tobi, immer laufen lassen, ohne Angst zu haben, sie würde im Müll untergehen. Während ich mit Anni zusammen im Wohnzimmer hauste, hatte ich auch schon einmal zwei Wasserschildkröten. Da ich aber bis zu dreimal am Tag das Wasser wechselte, sind die beiden kurz nacheinander gestorben, weil sie die unterschiedlichen Wassertemperaturen einfach nicht vertragen hatten. Eine der beiden Rotwangen-Schmuckschildkröten starb auch recht früh, dafür gedieh die andere um so besser. Ich machte sie jeden Tag sauber, ließ sie mindestens zwei Stunden laufen oder legte sie, in ein Handtuch eingeschlagen, auf meinen Schoß, wo sie schlief. Ich genoß es, mich um dieses Tier zu kümmern, denn mit ihm konnte ich den Dreck in unserer Wohnung anders verarbeiten. Wenn ich Tobi laufen ließ und währenddessen das Becken sauber machte, schloß ich die Zimmertüre nie ganz, und manchmal zwängte sich Tobi zwischen Rahmen und Türe und stieß diese dann ganz auf. Wenn sie das geschafft hatte und dann vor meiner Türe saß, schien es, als wolle sie mir beim Putzen ihres Beckens zusehen. Seltsamerweise ging sie nie weiter als vor meine Zimmertüre, sondern kroch immer wieder - wenn ich in mein Zimmer zurückging - hinter mir her! Vielleicht hat Tobi gespürt oder besser gesagt gerochen, daß sie den restlichen Teil der Wohnung, der zugänglich war, meiden sollte. Jeden Tag, wenn ich kam, saß sie schon ganz erwartungsvoll am Beckenrand, und es machte mir immer großen Spaß, mich mit ihr zu beschäftigen. Wenn ich mein Zimmer aufschloß und die Türe einen Spalt öffnete, galt mein erster Blick dem Becken von Tobi, und einmal war es

zu meinem großen Entsetzen leer. Ich bekam Panik und öffnete vorsichtig die Zimmertüre. Sie saß nicht weit entfernt vom Becken auf dem Teppich, hatte noch getrocknete Futterreste auf dem Panzer und sah mich an, als wollte sie sagen, daß ihr der Sprung aus dem Becken leid täte. Ich war erleichtert, als ich sah, daß sie keinen Kratzer abbekommen hatte, aber der Schreck saß ihr von dem circa 1-m-Fall noch in den Knochen. Tobi war mein ein und alles, und Andrea und Yasemin konnten nie verstehen, wieso ich ausgerechnet eine Schildkröte hatte, denn sie glaubten, diese Tiere wären glitschig und man könnte sowieso nichts mit ihnen anfangen. Ich belehrte sie eines Besseren, und fortan wollten auch sie, wenn sie bei mir waren, Tobi in die Hand nehmen und streicheln. Ich weiß nicht, wie ich überhaupt darauf gekommen bin, mir gerade Schildkröten zu kaufen. Angefangen hat alles, als ich die kleinen Wasserschildkröten in einer Tierhandlung im Schaufenster gesehen hatte und erschrocken darüber war, wie sie dort in einem kleinen Plastikbecken mit einer Kunststoffpalme zur Schau gestellt wurden. Das muß bei mir den Ausschlag gegeben haben.
Einmal, als ich auch wieder in Annis Wohnung war, klingelte das Telefon, während ich dabei war, das Becken sauberzumachen. Ich muß dazu sagen, daß das Telefon vor Dreck stand, denn die Ohrmuschel war dermaßen schwarz, daß ich sie nie direkt ans Ohr hielt, weil ich Angst hatte, ich könnte mir eine ansteckende Krankheit zuziehen. Nachdem ich also abgenommen hatte, stöhnte mir ein Mann obszön ins Ohr. Ich bekam schreckliche Angst, denn so etwas hatte ich noch niemals zuvor erlebt. Ich legte sofort den Hörer auf die Gabel zurück und hoffte inständig, er würde nicht mehr anrufen. Kurz darauf klingelte es erneut. Es war mir klar, daß, wenn ich nicht abnahm oder wieder auflegte, er sicher immer wieder anrufen würde. Ich nahm also den Hörer ab, hörte, daß er es wieder war und legte ihn einfach neben das Telefon. Dann begab ich mich wieder an meine Arbeit, was für ihn natürlich unüberhörbar war. Nach circa 20 Minuten kontrollierte ich den Apparat erneut, und siehe da, er hatte sich anscheinend „totgestöhnt". Ich bekam nie wieder einen solchen Anruf!

Auf mein Zimmer war ich stolz, und ich hielt es ganz allein sauber. Meine Tante gab mir ihren alten Staubsauger, und mein Vater kam zwischendurch immer und putzte meine Fenster. Mein Vater hatte mir außerdem einen Fernseher gekauft und mir seinen alten Plattenspieler gegeben, und so hatte ich alles, was ich brauchte. Während ich Tobi auf meinem Schoß sitzen hatte, sah ich fern und aß nicht selten eine ganze Tafel Schokolade und trank Cola, die ich mir vorher im Kiosk gegenüber geholt hatte. Dann war meine Welt in Ordnung. Ich war immer darauf bedacht, mein Zimmer, auch wenn ich nur den Müll runterbrachte, abzuschließen. Wenn Andrea oder Yasemin bei mir waren, lachten sie immer, wenn sie sahen, welche Aktion ich daraus jedesmal machte. Denn ich prüfte wirklich etliche Male genau, ob die Türe auch wirklich zu war. Das habe ich bis heute nicht abgelegt - egal, ob es sich um meine Wohnungs- oder meine Autotüre handelt - ich prüfe immer ein paarmal, eh ich ganz sicher bin, daß alles abgeschlossen ist. Ich werde dafür zwar immer noch recht häufig belächelt, aber mittlerweile wissen meine Freunde, warum ich das tue. Ich fürchte nur, meine Nachbarn glauben langsam, daß ich nicht ganz „knusper" bin, denn man erkennt mich mittlerweile schon an der Art, wie ich meine Türe abschließe! Ich würde mal sagen, solange es nicht schlimmer wird ...

Nach und nach hängte ich die Bilder auf, die mir gefielen, wie zum Beispiel einen Starschnitt und etliche Poster von meinem damaligen Lieblingssänger Nino de Angelo und jede Menge Pferdebilder. Einmal war ich auch wieder gegenüber im Kiosk, und die Inhaberin, die mich ja schon von klein auf kannte, meinte, ich hätte schöne Pferdebilder in meinem Zimmer hängen, die könnte man gut sehen. Ich war für einen Moment irritiert, denn da wir auf dem dritten Stock wohnten, kam ich mir immer unbeobachtet vor, da wir auch kein Gegenüber hatten. Tatsächlich konnte man die Bilder, wenn abends Licht brannte, gut sehen, und ich hatte Angst, sie hätte auch gesehen, wie mein Zimmer vorher aussah, obwohl das sehr unwahrscheinlich war, aber meine Angst blieb. Ich dachte daran, wie ich damals auf dem halben Meter Müll gestanden hatte und aus unserem Fenster sah. Hatte diese Frau mich dann auch immer beobachtet und konnte sie daraus schließen, wie es bei uns ausgesehen hatte beziehungsweise noch immer aussah? Eigentlich unwahrscheinlich, aber ich schloß diese Möglichkeit nicht ganz aus.
Obwohl ich jetzt ein sauberes Zimmer hatte, bekam ich ein neues Problem. Irgendwann, als ich wieder dort war, saß auf der Wand ein dicker schwarzer Käfer. Zuerst dachte ich mir nichts dabei, aber ich fand dann jeden Tag eine ganze Reihe von diesen Käfern und dadurch, daß ich eine weiß-orangefarbene Tapete hatte, konnte ich die Käfer sofort ausmachen. Wenn ich mein Zimmer betrat, duckte ich mich immer, weil ich Angst hatte, mir könnte ein Käfer auf den Kopf fallen. Ich konnte dieses Ungeziefer auch nicht anfassen, und es war eine riesige Überwindung für mich, jeden einzelnen kaputtzumachen. Sie hingen überall, selbst in meiner Gardine, und um sie dort herauszubekommen, mußte ich kurz an der Gardine wackeln, und wenn der Käfer dann herunterfiel, machte ich ihn schnell kaputt.
Ich erzählte natürlich Tante Hilde davon, und wir konnten uns nicht erklären, woher diese Tiere kamen. Die einzige Möglichkeit war ein kleines Loch, welches von meinem Zimmer in das frühere Wohnzimmer

führte und durch das ein Antennenkabel lief. Es war einfach unbegreiflich für mich, daß ausgerechnet in meinem Zimmer jetzt solche kakerlaken-ähnlichen Tiere Einzug hielten und Anni in ihrer verdreckten Küche, in der sie mittlerweile wieder hauste, davon einfach nichts mitbekam - zumindest sagte sie mir nicht, ob auch sie solche Käfer hatte. Selbst jetzt, wo mein Zimmer so sauber war und ich, sobald ich eine Tüte Müll produziert hatte, sie sofort zum Container brachte, verfolgte mich solches Ungeziefer. Aber ich hatte keine andere Wahl, als dort zu leben, schon alleine wegen meiner Schildkröte. Ich hatte es geschafft, wieder ein sauberes Kinderzimmer zu haben und hatte nicht vor, mir das von solchem Ungeziefer nehmen zu lassen.

4

Als ich 13 Jahre alt war, starb viel zu früh und völlig unerwartet im Alter von nur 60 Jahren mein Onkel Heinz. Ich weiß noch, wie ich ein paarmal mit meiner Tante im Krankenhaus war und ihn besuchte, aber er konnte da schon nicht mehr sprechen, denn er hatte einen Schlaganfall erlitten. Irgendwie konnte ich nicht so richtig verstehen, warum er auf einmal so krank war, denn wir hatten kurz vorher noch ganz groß seinen sechzigsten Geburtstag gefeiert, und da war doch noch alles in Ordnung. Seinen Tod habe ich so verarbeitet, wie es nur ein Kind kann, denn ich ging weiterhin mit Andrea, wenn sie am Wochenende oder in den Ferien hier war, reiten, und wir trafen uns oft mit anderen Kindern und spielten auf der Straße.

Onkel Heinz hatte es oft nicht immer leicht mit mir, denn wenn ich zum Beispiel wieder einmal bei den beiden übernachtete, brachte ich ihn jedesmal um seine Nachtruhe. Tante Hilde machte mir nämlich auf einer Liege ein ganz tolles Bett, das bei den beiden im Schlafzimmer stand. Ich muß dann immer - auch während des Schlafes - meine Nase derart hochgezogen haben, daß er nicht schlafen konnte. Heute wissen wir, daß ich damals schon eine beginnende Allergie hatte, aber wir nahmen das nicht so ernst, sondern taten es als eine dumme Angewohnheit ab.

Meine Tante hat mir später erzählt, daß mein Onkel nie recht wußte, wie er mit mir umgehen sollte, denn mein Verhalten war oft völlig unerklärlich. Wenn ich ihm zum Beispiel mit einer meiner Freundinnen auf der Straße begegnete, schaute ich ihn nur an und ging an ihm vorbei, ohne ihn zu grüßen. Er war dann verständlicherweise jedesmal sehr traurig und fragte Tante Hilde, warum ich ihn auf der Straße wie einen Fremden behandelte, aber auch sie wußte nicht, warum ich mich derart unberechenbar verhielt. Dabei wäre ich am liebsten wie damals auf dem Flughafen an ihm hochgesprungen und hätte ihn ganz fest gedrückt, aber ich tat es einfach nicht. Ich kann es nur so erklären, daß ich irgendwie das Gefühl hatte, ihm nicht lästig werden zu wollen, obwohl ich ihn wie einen Vater liebte. Hinzu kam noch so etwas wie Angst, obwohl ich dazu absolut keinen Grund hatte - es lag vielmehr daran, daß Tante Hilde so viel für mich getan und ich ihnen eine ganze Menge Unannehmlichkeiten bereitet hatte. Ich glaubte, er würde mich jetzt nicht mehr so mögen wie vorher, nachdem auch er erfahren hatte, wie ich bis jetzt gelebt hatte. Ich weiß natürlich, daß das völliger Unsinn war, aber ich glaubte das zu dieser Zeit.

Ich muß auch heute noch oft darüber nachdenken, wie ich mich damals verhalten habe, und es tut mir unendlich leid, daß ich Onkel Heinz deshalb soviel Kummer bereitet habe, aber ich weiß, daß er weiß, daß ich ihn sehr geliebt habe und daß mein Verhalten damals in keiner Weise etwas mit Boshaftigkeit zu tun hatte.

Anni und auch alle anderen Verwandten versprachen nach dem Tode von meinem Onkel, Tante Hilde nie im Stich zu lassen und immer für sie dazusein. Die Wirklichkeit sah allerdings anders aus. Anni schlug jedoch vor, ich solle fürs erste bei Tante Hilde einziehen, damit sie nicht so alleine sei. Im nachhinein kommt mir diese Idee von Anni so vor, als sei ich eine Leihgabe gewesen, die sie dann bei Bedarf wieder abholen würde. Es steht völlig außer Frage, daß ich sehr gerne zu Tante Hilde zog und es für mich absolut das Beste war, und dennoch behandelte mich Anni wie einen Gegenstand, den man ganz nach Belieben woanders plazieren konnte.

Die kommende Zeit war sehr schlimm, denn ich hörte jeden Abend, wie sich Tante Hilde in den Schlaf weinte - wenn man überhaupt von Schlaf sprechen konnte. Sie waren über 30 Jahre verheiratet, und natürlich war das ein einschneidendes und unvorstellbar schreckliches Ereignis für Tante Hilde, und ich glaube, dadurch, daß ich bei ihr war, hatte sie zumindest eine Aufgabe, die sie etwas ablenkte. Da ich jetzt ganz bei ihr wohnte, wusch sie meine Wäsche, kochte für mich und sorgte dafür, daß ich in Ruhe meine Hausaufgaben machen konnte - mit einem Wort, sie war jetzt meine Mutter. Bis dahin hatte sie mich zwar tagsüber immer versorgt, aber jetzt war es doch eine völlig neue Situation. Sie stand sogar morgens mit mir auf, bereitete mir mein Frühstück und blieb so lange bei mir sitzen, bis ich damit fertig war. Anschließend legte sie sich wieder ins Bett. Bis zu dieser Zeit hatte ich so etwas nie kennengelernt! Da ich jedoch ein großer Morgenmuffel war und bin und Tante Hilde, im Gegensatz dazu, sofort über alles mögliche reden kann - selbst wenn sie nachts wach wird -, einigten wir uns darauf, daß ich alleine aufstehen und frühstücken würde. Für sie war es zunächst unverständlich, denn sie wollte mich immer perfekt versorgt wissen, aber so war es auch für sie besser, denn sie konnte weiterschlafen. Ich wußte allerdings, daß sie erst wieder richtig schlief, wenn sie hörte, daß ich die Wohnungstüre schloß. Denn da ich in dieser Zeit häufig Kreislaufprobleme hatte und es oft passierte, daß ich umkippte, nahm sie jedes Geräusch wahr, um im Notfall helfen zu können. Bei Tante Hilde begann ich auch, mindestens zwei Stunden bevor ich das Haus verlassen mußte, aufzustehen. Ich hatte dann genug Zeit, in aller Ruhe zu frühstücken und zu duschen. Am Wochenende allerdings, wenn ich ohne jeglichen Zeitdruck war, sprach ich morgens zwar immer noch nicht sehr viel, aber wir hatten dann unsere Zeichensprache. Wir wachten zum Beispiel meistens gleichzeitig auf. Wenn wir nachsehen wollten, ob der andere auch schon wach war und uns dabei in die Augen sahen, hoben wir beide eine Hand und spreizten Zeige- und Mittelfinger zum „Victory-Zeichen". Dann hatten wir uns praktisch einen guten Morgen gewünscht, ohne ein Wort zu sagen, und auf diese Weise fing für mich der Tag dann immer gutgelaunt an, denn wir mußten beide lachen.

Natürlich war für uns sofort klar, daß ich ganz bei ihr bleiben würde, denn hier hatte ich alles, was ein Kind braucht. Später sagte Anni zu irgendwelchen Bekannten, ihre Schwester hätte ihr damals ihr Kind weggenommen, denn sie hätte niemals gewollt, daß ich ganz zu Tante Hilde ziehen sollte. Als ich das zum ersten Mal von jemandem hörte, konnte ich es nicht glauben. Wieder einmal verdrehte sie die Wahrheit zu ihren Gunsten und stellte sich wieder als die arme Frau hin, der Unrecht widerfuhr. Sie verschwieg natürlich den einzig wahren Grund und daß ich bis zu meinem Auszug von zu Hause ohnehin den ganzen Tag von Tante Hilde versorgt wurde und jetzt lediglich auch noch bei ihr schlief. An der Beerdigung meines Onkels habe ich damals nicht teilgenommen. Ich wollte nicht, denn bis dahin war ich noch auf keiner Beerdigung gewesen, und möglicherweise spielte es auch eine Rolle, daß wir befürchteten, es könnte in der Zeit unserer Abwesenheit bei Tante Hilde eingebrochen werden. Nachdem sie nämlich eine Todesanzeige in einer Tageszeitung geschaltet hatte, klingelte einen Tag vorher ein Kriminalpolizist bei uns, zeigte kurz seine Marke und machte uns darauf aufmerksam, daß es sich Kriminelle zur Aufgabe gemacht hätten, während der Zeiten von Beerdigungen und Trauergottesdiensten in die Wohnungen der Hinterbliebenen einzubrechen. Wir waren in großer Sorge, denn da der Polizist in Zivil war und seine Marke sehr schnell gezeigt hatte, konnte das ja auch ein Trick gewesen sein. Tante Hilde erkundigte sich bei der Polizei, und dort bestätigte man, daß eigens für solche Besuche Beamte abgestellt würden, um die Trauernden zu warnen. Damals blieben eine Bekannte und die Mutter von Yasemin bei mir, welche einen Stock mitbrachte, um im Notfall gewappnet zu sein. Manchmal tut es mir leid, daß ich damals nicht dabei war, aber ich glaube, es war besser so, und es sollte einfach so sein. An der Beerdigung nahmen über 200 Leute teil, denn Onkel Heinz hatte nicht zuletzt durch seinen Beruf einen sehr großen Bekannten- und Freundeskreis sowie zahlreiche Kunden, die ihm alle die letzte Ehre erwiesen. Außerdem war er über 20 Jahre Mitglied der Vollversammlung der Industrie- und Handelskammer gewesen, und alleine dadurch war die Anteilnahme sehr groß.
Zur Beerdigung kamen unter anderem auch die Kinder der beiden anderen Schwestern Inge und Änni. Besonders der Sohn von Änni, Frank,

kam auf einmal wieder öfter zu Tante Hilde, obwohl er in der Nähe von Hannover wohnte. Er bat sie dann um den Wagen von Onkel Heinz, einen Ford Granada, der für meine Tante zu groß war, um ihn selbst weiter zu nutzen. Wenn er damit gerechnet hatte, daß er ihn für „einen Appel und ein Ei" oder sogar geschenkt bekäme, dann hatte er sich getäuscht, denn wegen der Steuer mußte meine Tante den Wagen natürlich ganz offiziell an ihn verkaufen. Als sich Tante Hilde einige Monate später durchringen konnte, einen Großteil der Kleidung von Onkel Heinz wegzugeben, dachte sie natürlich an Frank - schon allein, damit es in der Familie blieb und in Ehren gehalten wurde. Als sie bei ihm anrief und ihn fragte, ob er uns mit seiner Frau wieder besuchen käme, verneinte er, da er seiner schwangeren Frau diese lange Fahrt nicht mehr zumuten wollte. Nachdem Tante Hilde ihm dann erzählt hatte, daß sie noch einige Anzüge und Schuhe von Onkel Heinz für ihn hätte, kamen sie tatsächlich schon am folgenden Wochenende, obwohl es seiner Frau doch *überhaupt nicht gut ging!*
Als dann ihr Sohn geboren wurde, besuchten sie uns auch noch ein paarmal, bis uns dann immer öfter zu nachtschlafender Zeit Anrufe seiner Frau erreichten, in denen sie meiner Tante ihr Leid klagte. Es war unschwer zu erkennen, daß sie, jedesmal wenn sie bei uns anrief, getrunken hatte. Tante Hilde war dann nicht mehr in der Lage, sich die Probleme seiner Frau anzuhören, denn sie hatte schließlich gerade ihren Mann verloren und mußte diesen Verlust erst einmal verarbeiten. Sie sagte den beiden dann auch, daß sie uns nicht mehr besuchen sollten. Franks Frau versuchte dann noch einige Male, den Streit beizulegen, aber meine Tante blieb hart, und schließlich akzeptierten sie es.
Wir sahen sie dann erst nach etlichen Jahren auf der Beerdigung von Tante Hildes und Annis Schwester Inge. Sie begrüßten uns, und dabei beließen wir es - bis auf Anni. Wir hatten Anni in unserem Wagen mitgenommen, und sie hatte dort an der Kirche nichts Besseres zu tun, als sich den beiden „an den Hals zu schmeißen". Sie wußte doch, wie enttäuscht wir von Frank und seiner Frau waren, und doch ging sie nach der Beerdigung ausgerechnet mit den beiden noch zu dem Grab ihrer Eltern beziehungsweise meiner Großeltern. Dieses Grab hatte sie seit Jahren nicht mehr besucht, und plötzlich wollte sie unbedingt dorthin. Ich hätte sie am liebsten dort auf dem Friedhof vor der ganzen Familie bloßgestellt und gefragt, was dieses Getue soll. Sie, die nie zu dem Grab ihrer Eltern ging und sich noch nicht einmal an der Instandhaltung des Grabes beteiligte, wollte nun vor der Familie das Gegenteil demonstrieren. Es wunderte mich, daß sie das Grab überhaupt noch gefunden hat!

Nach dem Tod von Onkel Heinz stand meine Tante vor einem finanziellen Problem. Da ihre Rente noch nicht fällig war und sie von der mei-

nes Onkels nur 60% bekommen würde, mußte sie an ihre Ersparnisse gehen. Sie sprach auch mit Anni darüber, die ihr *großzügig anbot*, ihr natürlich finanzielle Hilfe zu leisten, wenn sie wirklich nicht auskommen würde. Dabei blieb es dann auch. Obwohl ich bei meiner Tante lebte, beteiligte sich Anni in keiner Weise an den Ausgaben ihrer Schwester, die ihr Kind großzog. Sie besaß noch die Frechheit, meiner Tante klarzumachen, sie würde für uns beide mit sage und schreibe 100,- DM pro Woche auskommen. Tante Hilde rechnete ihr vor, daß sie davon unmöglich an sieben Tagen in der Woche eine komplette Mahlzeit auf den Tisch bringen würde und noch Obst, Brot und sonstiges kaufen könne. Anni aber blieb dabei, denn dann war sie natürlich sicher, nicht um Geld gebeten zu werden. Abgesehen davon, hätte Tante Hilde das auch nie getan, obwohl ihr für mich Geld zugestanden hätte.
Das einzige, worum meine Tante Anni bat, war, sich endlich an den Kosten für das Grab der Eltern zu beteiligen. Sie sagte ihr mehrfach, daß sie das wirklich nicht mehr alleine finanzieren könnte. Wenn sie schon nicht das Grab ihrer Eltern besuchen würde, so wäre es nur recht und billig, daß sie jetzt nach all den Jahren endlich ihren Teil der Kosten übernehmen würde. Ich schätze, ich muß gar nicht erst erwähnen, wie auch diese Sache ausging. Anni weigerte sich.

Drei Monate nach dem Tod von Onkel Heinz stand Weihnachten vor der Tür. Am ersten oder zweiten Weihnachtstag kam Anni mit ihrer Freundin Ilse, einer Arbeitskollegin, zu Tante Hilde und mir. Ilse hatte zuvor Anni zu Hause abgeholt, und da sie natürlich den Unterschied zu der Wohnung von Tante Hilde sehen konnte, fühlte sie sich sichtlich wohl bei uns. Sie half Anni übrigens auch etliche Male, die Küche wieder etwas in Ordnung zu bringen! Oftmals sagte uns Anni sogar, sie hätte ihre Kollegin Ilse angerufen und sie gebeten, ihr am Wochenende die Küche sauberzumachen. Ilse kam dann auch immer und trug ihr wirklich unter anderem die schweren Müllsäcke nach unten in die Container. Warum mußte Anni es jedesmal aufs neue wieder so weit kommen lassen? Ich begreife das bis heute nicht, denn es war einfach völlig sinnlos!
An diesem Abend drängte Anni jedoch recht schnell darauf, wieder mit ihr zu sich nach Hause zu gehen. Es war Ilse anzumerken, daß sie verständlicherweise kein Verlangen danach hatte, wieder zurück in die dreckige und stinkende Bude mit Anni zu müssen, aber letztendlich setzte diese sich durch, und sie gingen.
Tante Hilde und ich rätselten danach noch, aus welchem Grund sie es wohl so eilig gehabt haben mochte, wieder in ihre Behausung zu kommen. Eine Möglichkeit war die Tatsache, daß sie bei uns nicht rauchen konnte. Es konnte aber auch sein, daß sich ihre Freundin nicht zu sehr

an eine saubere Wohnung gewöhnen sollte, denn sonst wäre sie nicht mehr mit in die ihre zurückgegangen.
Ich kann verstehen, warum viele Freunde, Bekannte und andere Leute nicht begreifen konnten und können, warum ich ein so inniges Verhältnis zu meiner Tante habe und mit keinem Wort meine Mutter erwähne. Ich wurde dann, sogar bis heute, gefragt, ob diese tot sei oder ich keinen Kontakt mehr zu ihr hätte. Um nicht die ganze Wahrheit erzählen zu müssen, erkläre ich dann lediglich: „Nach dem Tode meines Onkels ist meine Tante ganz alleine gewesen, und ich bin deshalb zu ihr gezogen." Das ist zwar nur ein Teil der Wahrheit, aber die Leute finden es dann ganz toll, daß daraus eine solche Beziehung entstanden ist. Tante Hilde weiß, daß ich ihr niemals vergessen werde, was sie alles für mich getan hat, und sie immer auf mich zählen kann, egal, was auch passiert.

Seit ich dann ganz zu Tante Hilde gezogen bin, ging ich nur noch zu Anni in die Wohnung, um meine Schildkröte sauberzumachen.
In dieser Zeit bekam ich von meiner Tante den Spitznamen „Vera von der Leine". Ich liebte es nämlich, immer die Sachen anzuziehen, die gerade frisch gewaschen waren, und dabei spielte es überhaupt keine Rolle, ob sie gebügelt waren oder nicht - Hauptsache, sie waren sauber. Oftmals holte ich sie mir dann direkt vom Speicher runter - also *von der Leine* -, und Tante Hilde bettelte jedesmal ohne Erfolg, ich solle doch warten, bis sie das jeweilige Teil gebügelt hatte, aber ich zog es dann trotzdem an. Einer Schulfreundin sagte meine Tante dann auch einmal, ob sie wüßte, daß ich adlig sei. Sie sprang sofort darauf an, und wir mußten danach alle sehr lachen, weil sie tatsächlich geglaubt hatte, ich hätte den Titel *von der Leine.* Wenn ich mit Andrea reiten ging, zog ich mich nicht selten dreimal am Tag um, so daß Tante Hilde kaum mit dem Waschen nachkam. Es war nämlich oft so, daß ich zum Beispiel eine saubere Hose anhatte und Andrea unseren Ponys „nur einen Apfel bringen wollte". Als wir dann dort waren, überredete sie mich so lange, bis ich zustimmte, mit meiner Hose - natürlich *von der Leine* - mit ihr auszureiten. Zurück zu Hause, war meine Tante dem „Wahnsinn" nahe und fragte, warum ich nicht vor unserem *geplanten* Ausritt meine alten Sachen angezogen hätte, aber ich konnte ihr nicht begreiflich machen, daß ich wirklich nur mit dem Vorsatz in den Stall gegangen bin, den Ponys etwas zu bringen. Sie meinte dann, ich hätte Andrea doch alleine reiten lassen können, aber das wollte ich natürlich auch nicht. Wenn wir uns mit unseren Freunden im Stall und später am Abend dann in unserer Straße trafen, so fiel vor allem den Jungs auf, daß wir schon wieder neue Sachen anhatten. Wir waren dann immer stolz, denn so hoben wir uns von den anderen Mädchen ein ganzes Stück ab.

In unserer Nachbarschaft gab es einen Kiosk, in dem meistens eine Frau namens Helga arbeitete. Sie hatte einen Sohn, Peter, der in meinem Alter war, und einen Boxer namens Bonzo. Wir wußten, daß der Eigentümer des Kiosks, mit dem die Frau zusammen war, nicht nur den Hund, sondern auch die beiden oft schlug. Da Anni schon immer eine soziale Ader hatte, nahmen wir zunächst den Hund zu uns. Das Tier blühte regelrecht auf, denn es bekam jetzt genügend Auslauf und immer genug Futter. Kurz danach wohnten jedoch auch Helga und Peter bei Anni. Man kann es kaum glauben, aber alle *wohnten* in der Küche! Die Frau mußte den Dreck sehen, aber ich schätze, den hat sie zunächst liebend gern in Kauf genommen. Sie spülte, wenn Anni arbeiten war und brachte die Küche auch sonst in Ordnung.
Es tat mir zwar leid, daß sich die drei die Küche teilen mußten, aber ich wollte auf keinen Fall mein Zimmer zur Verfügung stellen, denn ich wußte, was daraus wieder geworden wäre. Wenn ich dann dort war, schaute Peter sich immer in meinem Zimmer um, denn es war offensichtlich, daß es dort im Gegensatz zur Küche sauber war. Er sah zu, wenn ich Tobi sauber machte und wollte mich immer überzeugen, mehr Wasser in ihr Becken zu füllen, damit sie noch besser schwimmen könne. Ich erklärte ihm, daß dann die Gefahr zu groß sei, daß sie wieder aus dem Becken klettern könnte. Er überredete mich, mein Zimmer offen zu lassen, um besser auf sie *aufzupassen*. Irgendwann tat ich es dann wirklich. Als ich jedoch am nächsten Tag kam, sah ich, daß er das Bekken von Tobi fast vollständig gefüllt hatte. Ich wurde zornig und sprach ihn darauf an, aber er stritt alles ab. Daraufhin schloß ich mein Zimmer wieder ab!
Ein anderes Mal kam ich hinzu, wie Anni mit Peter herumschrie. Ich wußte natürlich nicht, worum es ging. Sie erklärte mir daraufhin, er habe eine - ich drücke es jetzt mal fein aus - dreckige Unterhose draußen auf die Fensterbank im Badezimmer gelegt. Er stritt wieder alles ab, obwohl sie nur von ihm sein konnte.
Die beiden wohnten einige Wochen bei Anni, bis sie dann schließlich wieder zurück zu dem Kioskbesitzer gegangen sind. Anni meinte danach nur, so etwas würde sie so schnell bestimmt nicht wieder machen. Auch das war wieder das beste Beispiel dafür, daß Anni anderen gegenüber immer hilfsbereit war, nur wenn ich, Tante Hilde oder Onkel Heinz, die nun wirklich alles für sie getan hatten, sie mal brauchten, dann konnte sie ohne weiteres „nein" sagen.
Als ich noch recht klein war und zum Beispiel noch zu Tante Hilde wollte oder aber von ihr nach Hause mußte, bat ich Anni des öfteren, mich doch abzuholen oder mich wenigstens ein Stück zu begleiten, da es draußen schon dunkel war. Sie sagte dann jedesmal: „Nein, da hast du Pech gehabt, denn ich bin schon ausgezogen und werde mich jetzt

ganz bestimmt nicht mehr anziehen, nur um dich zu bringen." Das Ende vom Lied war, daß Tante Hilde sich anzog, um mich zu begleiten beziehungsweise um mir entgegenzukommen. Damals war ich ständig „auf der Flucht", denn jeden Weg, selbst wenn ich nur einkaufen ging, rannte ich. Wenn ich zu Tante Hilde kam, war ich jedesmal außer Atem, so daß sie immer wieder auf mich einredete, ich solle langsam gehen und mich nicht so abhetzen. Auf die Frage, warum ich immer rannte, hatte ich selbst keine Antwort.

Zu der Tante von Andrea, Katharina, hatte Anni zwischendurch immer mal wieder Kontakt. Sie lieh Anni fast jedesmal Geld, und einmal ließ sie sich von Anni überreden, sich um unsere Wohnung zu kümmern, um einen Handwerker hereinzulassen. Der Grund dafür war, daß in einem Fenster in der Küche ein Loch war, das wie ein Einschuß aussah. Anni äußerte, daß womöglich irgend jemand in das Fenster geschossen hatte. Ich bekam Angst, denn bis vor kurzem war direkt gegenüber noch die Aussicht auf den Park gewesen, doch jetzt war dort ein neuer Häuserblock entstanden. War es möglich, daß jemand von gegenüber gesehen hatte - wie auch immer -, daß bei uns die Wohnung voll Müll war und deshalb in unser Fenster geschossen hatte? Eigentlich höchst unwahrscheinlich, aber ein mulmiges Gefühl hatte ich trotzdem. Anni mußte also die Küche notgedrungen *aufräumen*, um das Fenster austauschen zu lassen. Das Wohnzimmer war natürlich abgeschlossen. Da ich in die Schule mußte und Anni sich auf keinen Fall freinehmen wollte, um den Glaser hineinzulassen, bat sie also Katharina, ihm aufzumachen. Da nicht genau feststand, wann er kommen würde, hatte Katharina eine Menge Zeit, sich in der Küche umzusehen. Den Einbauschrank unter dem Fenster sah sie sich genauer an. Es muß ihr den Atem verschlagen haben, denn er war randvoll mit jeglicher Art von Gläsern, in denen dick der Schimmel schwamm. Ich selbst hatte bis dato überhaupt keine Ahnung, daß Anni wirklich jeden erdenklichen Stauraum als Mülldeponie nutzte!
Als dann endlich der Glaser kam, mußte sie sich auch noch sagen lassen, daß man ebenfalls die Fensterrahmen, die vor Dreck standen, putzen könne. Da Katharina ihn hineingelassen hatte, war er natürlich überzeugt, sie wäre die Wohnungsinhaberin. Sie hatte große Mühe, ihn vom Gegenteil zu überzeugen.
Nachdem er gegangen war, räumte sie alle Gläser aus dem Einbauschrank, kippte sogar alles aus und schrieb Anni einen sehr langen, bitterbösen Brief. Sie erzählte mir vom Inhalt des Briefes, in dem sie Anni fragte, wie es dazu kommen konnte, und in dem sie an ihre Ehre appellierte und sie abschließend bat, jetzt wenigstens die Gläser wegzuschmeißen. Anni besaß nicht den Funken von Ehre, denn sie räumte

tatsächlich alle Gläser wieder fein säuberlich in den Schrank ein, und damit war für sie diese Sache erledigt. Katharina sagte ihr später auf den Kopf zu, sie habe sich absichtlich nicht freigenommen, da sie die Reaktion des Glasers geahnt hatte und sich dieser Situation nicht selbst aussetzen wollte. Statt dessen hatte sie Katharina zugemutet, sich für etwas rechtfertigen zu müssen, woran diese keinerlei Schuld hatte.

Nicht lange nach diesem Vorfall wurden in allen Häusern unseres Vermieters neue Iso-Fenster eingebaut. Diese hatten natürlich den Vorteil, aus Kunststoffrahmen zu sein und die Wärme nicht entweichen zu lassen. Ich kann bis heute noch nicht fassen, daß überall, natürlich auch in unserem Haus, die Fenster erneuert wurden, bis auf die in unserer Wohnung. Anni hatte sich erfolgreich mit der Begründung geweigert, daß dann die Miete ansteigen würde. Es war mir peinlich, daß sich unsere Wohnung jetzt auch nach außen hin von den anderen unterschied. Natürlich war es unmöglich, jemanden in unsere Wohnung zu lassen, und ich bat Anni inständig, doch wenigstens in meinem Zimmer die Fenster erneuern zu lassen, da dann zumindest zur Straßenseite hin, wo nun wirklich jeder den Unterschied sah, der Schein etwas gewahrt werden konnte. Aber sie erwiderte, daß sie dann die gesamten Fenster hätte austauschen müssen. Dafür wiederum hätte sie die Wohnung in Ordnung bringen müssen, und das wollte sie nicht. Die Leute mußten sich doch spätestens jetzt ihre Gedanken machen, warum bei uns nicht die Fenster, die wirklich nur Vorteile bedeutet hätten, eingebaut wurden. Auf der anderen Seite war es vielleicht ganz gut, daß die alten Fenster drin blieben, denn da Anni nie lüftete, war wenigstens etwas - wenn auch verschwindend wenig - Luftzirkulation in ihrer Küche.
So unglaublich es sich anhört, aber der Vermieter hielt tatsächlich still, und die Fenster wurden erst ausgetauscht, als Anni viel später aus dieser Wohnung auszog! Was für mich noch viel unangenehmer war, das war die Tatsache, daß die Wohnung direkt neben uns renoviert werden mußte und aus diesem Grund die damaligen Mieter in unsere Wohnung zogen. Spätestens zu diesem Zeitpunkt wußte wohl das ganze Haus, wie verlebt Anni die Wohnung hinterlassen hatte. Damals dachte ich nur: Wie kann man überhaupt noch jemanden in diese Wohnung einziehen lassen? Aber natürlich stellte sich mir diese Frage nur, weil die Wohnung für mich mit schlimmen Erinnerungen verbunden war.

Nach dem Tod meines Onkels mußte nicht nur die alte Wohnung, in der er sein Büro hatte, aufgelöst werden, sondern auch das Wochenendhaus in der Eifel. Da ich mittlerweile für das Kinderzimmer zu groß war, beschlossen wir, daß ich das Wohnzimmer aus der Eifel bekommen sollte. Mein Kinderzimmer schenkte ich meiner jüngeren Freundin Yasemin. Da es ihrer Mutter finanziell nicht so gut ging, bestand ihr Zimmer aus wahllos zusammengestellten Möbeln, und mit meinen Möbeln hätte sie ein wirklich schönes Kinderzimmer gehabt. Ihr Vater verkaufte es jedoch einfach weiter, worüber wir sehr verärgert waren. Sie behielten lediglich einen Kleiderschrank, wodurch das Zimmer noch zusammengewürfelter erschien. Im nachhinein tat es uns leid, daß wir das Zimmer nicht jemandem gegeben hatten, der es wirklich zu schätzen gewußt und Freude daran gehabt hätte.

Jetzt bekam ich eine große beige Couch, die aus einem Dreisitzer und einem Sessel bestand. Da ich bei Tante Hilde wohnte und natürlich auch dort meine Kleidung hatte, brauchte ich jetzt keinen Kleiderschrank mehr. Dafür hatte ich nun kleine Schränke aus hellem Holz, die durch einen Eckschrank verbunden waren und fast die gesamte Fensterfront und einen Teil der Wand direkt links von der Türe einnahmen. Außerdem bekam ich noch ein Schlafsofa, etliche Handtücher, Waschlappen, Besteck, ein Eß- und ein Kaffeeservice.
Nicht lange danach besorgte Anni der Mutter meiner Freundin Yasemin, sie hieß Seda, eine Wohnung direkt in unserem Haus. Sie wohnten genau unter uns, und jetzt verbrachten wir natürlich noch mehr Zeit miteinander. Oft war Yasemin bei mir und sah zu, wenn ich Tobi sauber machte, oder aber wir hörten in ihrem Zimmer Musik und schwärmten von unserem Lieblingssänger. Wenn es im Sommer so richtig heiß war, duschten wir uns gegenseitig mit eiskaltem Wasser den Kopf ab, und schon war die Hitze wieder zu ertragen. Da ich bei Anni nie die Möglichkeit hatte, zu baden - dort konnte ich, wie zuvor erwähnt, noch nicht einmal duschen -, und meine Tante nur eine Duschtasse besaß, durfte ich bei Yasemin zwischendurch schon mal ein tolles Vollbad nehmen. Ich habe das dann immer total genossen, obwohl es mir peinlich war, dafür andere Leute in Anspruch nehmen zu müssen, auch wenn Seda mich immer wie eine eigene Tochter behandelte. Natürlich wußte auch sie, wie es in unserer Wohnung aussah, und ich tat ihr unendlich leid, aber sie bezog nie Stellung für mich, sondern suchte oftmals entschuldigende Worte für Anni. Sie versuchte immer, mir einzureden, Anni habe zwar nicht die sauberste Wohnung, aber sie sei doch ansonsten eine gute Mutter. Glaubte Seda wirklich, was sie mir zu suggerieren versuchte? War es nicht vielmehr so, daß sie das nur sagte, weil sie Anni nicht verärgern wollte, denn durch diese hatte sie die Wohnung bekommen und war ihr somit zu Dank verpflichtet. Mußte ihre Dankbarkeit jedoch soweit gehen, daß sie meine schlimmen Erlebnisse herunterspielte? Ihre Loyalität Anni gegenüber ging sogar soweit, daß Anni sich bei ihr Geld leihen konnte, Lebensmittel bekam und dort essen ging. Sie nutzte es richtiggehend aus und betonte mir und Tante Hilde

gegenüber mehr als einmal, daß, wenn sich Seda nicht schickte, sie diese ohne weiteres wieder an die „Luft setzen könnte". Sie sagte nämlich: „Ich habe ihr die Wohnung besorgt und kann auch genauso veranlassen, daß sie die Wohnung wieder verlassen muß!" Anni suchte schon immer nur ihren Vorteil, aber diesmal ging sie zu weit. Sie behandelte die Mutter meiner Freundin fast wie eine Leibeigene, frei nach dem Motto: wenn du nicht mehr tust, was ich will, mußt du eben gehen. Sie vergaß dabei völlig, daß sie selbst doch im berühmten Glashaus saß, denn wenn der Vermieter erfahren hätte, was sie aus einer seiner Wohnungen gemacht hatte, wäre sie hochkant aus der Wohnung geflogen und hätte nie wieder eine Wohnung von ihm bekommen!

Irgendwann in dieser Zeit lernte Anni einen Mann kennen, der dann jeden Abend vor unserer Türe auf sie wartete. Er parkte seinen Wagen auf der gegenüberliegenden Allee, und wenn ich in der Wohnung von Anni war, lehnte ich manchmal aus dem Fenster und sah dem fließenden Verkehr zu. Er versuchte jedesmal alles mögliche, um mich auf sich aufmerksam zu machen. Wenn ich ihn dann doch kurz ansah, gab er mir zu verstehen, ich solle ihm aufdrücken. Da Anni mir nur wenig über ihn erzählt hatte, sah ich keine Veranlassung, mich mit ihm zu unterhalten, geschweige denn ihn hinaufzulassen. Also tat ich immer völlig unbeteiligt, als hätte ich ihn überhaupt nicht richtig gesehen, und daraufhin stieg er wieder in seinen Wagen und wartete dort weiter auf sie. Anni fragte mich dann auch einmal, ob ich denn nicht gesehen hätte, daß er vor der Türe gestanden habe, aber ich verneinte. Sie erklärte mir dann, wer er sei und daß er Frank Stademark heiße. Wenn wir ab dieser Zeit von ihm sprachen, dann nannten wir ihn immer bei seinem Nachnamen.
Zunächst spielte sich alles in seiner Wohnung ab, die circa 15 Minuten von der von Anni entfernt lag. Aber irgendwann brachte sie ihn tatsächlich mit in ihre Wohnung beziehungsweise ihre Küche. Eines Tages kam ich wie immer, um Tobi sauberzumachen. Ich hörte, daß in der Küche der Fernseher lief. Zwischendurch hörte ich Anni mit jemandem sprechen und nahm zunächst an, sie würde telefonieren. Zu diesem Zeitpunkt standen auch schon in der Diele einige Müllsäcke und die beiden Radiatoren, die vorher die Küche und das Wohnzimmer geheizt hatten, jetzt aber aus Kostengründen nicht mehr von ihr genutzt wurden. Lediglich ich hatte noch einen solchen in meinem Zimmer. Als ich die Küchentüre öffnete, bot sich mir ein Bild, daß ich wohl im Leben nicht vergessen werde. Rechts von der Türe standen zwischen dem hohen Eisschrank und der Wand auf einem kleinen Schränkchen jede Menge Zeitungen und alte Kartons von Versandhäusern. Auf dem Herd stand noch auf einer Kochplatte der zuletzt benutzte Topf, und drum-

herum war alles dick durch Fett verkrustet. Auf den anderen Kochplatten standen ebenfalls benutzte Schüsseln sowie alte Maggi- und Ketchupflaschen. Auf der Waschmaschine stand ihr Wellensittich, dessen Käfig randvoll mit Kot und Körnerresten war. Auf der Spüle stand ihre Kaffeemaschine, deren Kanne schon seit ewigen Zeiten kein Spülmittel gesehen hatte, und benutzte Tassen und sonstige alte Gläser. Rechts vom Fenster standen etliche Einkaufstüten mit Müll, direkt vor dem Fenster stand ein Klapptisch, auf dem nicht nur der Fernseher stand, und auf der linken Seite auf dem Schrank war ebenfalls jede Menge Unrat aufgestapelt. Auf dem Küchentisch, der etwas links stand, hätte man nichts mehr abstellen, geschweige denn etwas finden können. Auf der vorderen Ecke des Tisches fand so gerade die täglich gebrauchte Kaffeetasse von Anni Platz, die schon - wie vieles andere - ebenfalls seit ewigen Zeiten nicht gespült worden war. Außerdem standen dort die häufig benötigten Nagellackflaschen, der Nagellackentferner, ihre dreckige Thermoskanne, leere Benzinflaschen, mit denen sie ihre Feuerzeuge auffüllte, und der ganze Tisch war hoch vollgepackt mit allen möglichen Papieren.

Genau vor mir stand der alte Sessel, in dem sie sonst saß, und davor hatte sie ihre schmale Liege ausgelegt, die nur aus einer zusammenklappbaren Schaumstoffmatratze bestand und die sie seit Jahren als Bett benutzte. Ebenfalls neben dieser Matratze, also genau vor dem Herd und der Waschmaschine, stand ein elektrischer Heizlüfter, der für *wohlige Wärme* sorgte. Direkt neben ihrem Sessel stand immer eine Mülltüte, in die sie benutzte Taschentücher, leere Zigarettenschachteln und sonstiges warf - natürlich ohne sich groß bewegen zu müssen. Auf der Matratze lagen die beiden jetzt in trauter Zweisamkeit und schauten Fernsehen. Da es recht eng war, lag Anni mit dem Rücken auf seinem Bauch. Ich stand einige Minuten im Türrahmen und konnte nicht glauben, was ich dort sah. Wenn ich bis dahin noch etwas Respekt vor Anni gehabt hatte, so verlor ich ihn in diesem Augenblick vollends. Es war mir unbegreiflich, wie dieser Mann mit ihr mitten im Müll liegen konnte und in aller Seelenruhe Fernsehen schaute, als sei diese Situation die natürlichste Sache der Welt. Das Bild, das sich mir hier bot, war sprichwörtlich so, daß ich dachte, tiefer kann sie in meinen Augen nicht mehr sinken. Ich konnte mir sein Verhalten nur so erklären, daß ich dachte, seine Wohnung kann nur noch schlimmer aussehen, sonst würde er sich hier nicht so häuslich niederlassen und sich überhaupt mit so einer Frau abgeben. Die Möglichkeit, er würde Anni wirklich lieben, zog ich nicht in Betracht.

Anni hat übrigens in all den Jahren, in denen sie bis dahin in der Küche hauste, fast ausschließlich im Sitzen geschlafen, da sie durch den ganzen Müll die Schaumstoffliege nicht vollständig ausbreiten konnte. Die

Quittung für den Raubbau, den sie mit ihrem Körper trieb, sollte sie einige Jahre später bekommen!

Mein Vater kam weiterhin und putzte meine Fenster, und ich fand immer schön, wenn er dann noch etwas bei mir blieb oder vor Tobis Becken stand und sich für die Schildkröte interessierte. Jedes Jahr im Januar/Februar flog er für vier Wochen auf die Bahamas, jedoch immer auf eine andere Insel, wie zum Beispiel Martinique, St. Lucia oder Barbados. Er versprach mir oft, wenn ich größer sei, würde er mich mitnehmen. Da er immer fast „schwarz" wiederkam, fragten natürlich seine Kunden, wo er denn in Urlaub gewesen sei. Manchmal verheimlichte er den wahren Urlaubsort, denn sonst hätte er weniger Trinkgeld bekommen. Da er weder trank noch rauchte, war es nur selbstverständlich, daß er sich einen solchen Urlaub leisten konnte, jedoch glaubten manche Kunden, er sei dann nicht mehr auf ihr Trinkgeld angewiesen. Oftmals brachte er mir aus seinem Urlaub die Adresse irgendeiner Frau mit, die er dort kennengelernt hatte und forderte mich auf, dieser einen Brief zu schreiben. Er meinte dann jedesmal, er wüßte nicht, was er schreiben könne und darum solle ich ein paar Zeilen abfassen. Tante Hilde machte ihm klar, daß ich als seine Tochter doch nicht die geringste Veranlassung hätte, jemand Wildfremdem zu schreiben. Er sollte dies gefälligst selber tun. Daraufhin steckte er die Adresse wieder ein und meinte ganz vorwurfsvoll, dann würde sie eben keine Nachricht von ihm bekommen. Sein Tonfall klang immer so, als könnte er uns damit strafen, obwohl es uns noch mehr als egal war, daß die jeweilige Frau keinen Brief von ihm erhielt.

Tante Hilde hatte circa eineinhalb Jahre nach dem Tod von Onkel Heinz das Bedürfnis, endlich mal zu verreisen. Wir entschieden uns für die Nordsee und das gleiche Hotel, in dem sie auch schon etliche Male zuvor mit Onkel Heinz gewesen war. Die Inhaber des Hotels freuten sich sehr, Tante Hilde wiederzusehen und holten uns sogar vom Bahnhof ab. Tante Hilde hatte zwar den Führerschein, aber eine solch lange Fahrt traute sie sich noch nicht zu. Für mich war es das erste Mal an der Nordsee, und ich fand es einmalig, daß man dort in Strandkörben saß und bei Ebbe scheinbar endlos durch das Watt laufen konnte. Das Hotel war mittlerweile durch einen großen Anbau mit Tiefgarage erweitert worden, so daß Tante Hilde es zunächst gar nicht erkannte. Wir bekamen allerdings unser Zimmer in dem Gebäude, das sie auch früher mit Onkel Heinz bewohnte. Da das Hotel ein Kurhotel war, hatte es natürlich auch seinen Preis. Man konnte ein Hallenbad benutzen, zum Frühstück gab es ein sehr reichhaltiges Büfett, angefangen bei Müsli über mehrere Brotsorten bis hin zu Fisch, Käse, Marmelade und Wurst, was ich bis dato noch nie gesehen hatte. Zum Abendessen hatten wir „unseren" eigenen Kellner, der mir ein zusätzliches Dessert brachte, wenn ich dem Hauptgang mal wieder nicht sehr viel Beachtung geschenkt hatte. Rundherum war es ein sehr schöner Urlaub, wenn er auch bei Tante Hilde viele schmerzliche Erinnerungen hervorrief.

Papa hatte vorher angeboten, ihr das Geld für mich zu geben. Er meinte sogar, Geld spiele keine Rolle, sie müsse ihm nur sagen, was sie bekommen würde. Tja, und als wir dann wieder zu Hause waren, besaß er die Frechheit, genau dies abzulehnen mit der Begründung, daß ihm dieser Betrag für einen solchen Urlaub zu hoch sei, denn dafür könne er schon fast auf die Bahamas fliegen. Tante Hilde wollte keinen Streit mit ihm und verzichtete auf das Geld.

Mein Vater war schon immer sehr vorschnell mit Geld, und wenn es darauf ankam, redete er sich immer raus oder hielt sich ohne jede Erklärung bedeckt. Damals als ich schon circa zwei Jahre in der Realschule war, wollte er unbedingt, daß ich in eine Tanzschule ging. Nachdem er schon alles mögliche an Überredungskunst versucht hatte, bot er mir an, für eine meiner Mitschülerinnen ebenfalls den Tanzkurs zu bezahlen. Als es dann soweit war, meinte er, daß er nur für mich bezahlen würde. Glücklicherweise waren noch drei andere von meinen Klassenkameradinnen in der Tanzschule, sonst hätte ich den Kurs bestimmt abgebrochen.

Zum Abschluß des Tanzkurses mußte ich noch den Abschlußball absolvieren. Dazu kamen meine Tante und mein Vater natürlich mit mir. Ich weiß noch, wie er am gleichen Morgen dieses Tages recht früh zu uns kam, als wir noch beim Frühstück saßen. Am Abend holte er uns dann ab, und im Foyer der Tanzschule wurde noch ein Foto von uns geschossen. Normalerweise mußte man ihn dazu regelrecht überreden, denn er haßte es, wie damals auf meiner Kinderkommunion, fotografiert zu werden, aber diesmal stellte er sich bereitwillig zu uns. Als man am Schluß die Fotos kaufen konnte, weigerte er sich jedoch, unseres zu kaufen, denn „so etwas braucht man doch nicht". Tante Hilde sagte ihm jedoch, sie werde es auf jeden Fall kaufen, denn dies sei schließlich ein wichtiger Abschnitt im Leben seiner Tochter.

Ich hatte mir für diesen Abend extra einen dunkelblauen Strickrock, eine weiße Bluse und eine Handtasche gekauft. Das war für mich schon eine kleine Sensation, denn normalerweise habe ich bis zu diesem Zeitpunkt nur Hosen getragen, und Handtaschen ließ ich bis dato überhaupt nicht an mich heran. Während dann alle Teilnehmer des Abschlußballes mit ihrem Tanzpartner den erwartungsvollen Eltern zeigen mußten, was sie gelernt hatten, konnte mein Vater es sich nicht verkneifen, meiner Tante zu sagen, daß er am Morgen, als er bei uns war, einen großen Schock bekommen habe, als er mich gesehen hätte.

Tante Hilde fragte ihn, ob er wie „aus dem Ei gepellt" aussehen würde, wenn er gerade aus dem Bett gestiegen sei. Er verneinte, betonte jedoch, daß er jetzt angenehm überrascht war.
Als ich das später erfuhr, war ich sprichwörtlich wie vor den Kopf geschlagen. Es ist mir bis heute unbegreiflich, wie der eigene Vater so etwas auch nur denken kann, geschweige denn es tatsächlich aussprechen. Ich muß sagen, daß mich das sehr getroffen hat und ich ihm das auch nie verzeihen konnte, obwohl ich niemals mit ihm persönlich darüber gesprochen habe.

Nachdem ich mit Tante Hilde aus dem Urlaub zurück war, mußte ich natürlich sofort nach meiner Schildkröte sehen, die Anni während der ganzen Zeit saubergemacht hatte. Zuvor hatte ich ihr mehr als einmal eindringlich erklärt, wie sie Tobi saubermachen mußte, und vor allem, daß das jeden Tag geschehen *mußte*. Da ich wußte, wie Anni es mit der Sauberkeit ihrer Vögel - von der Wohnung ganz abgesehen - hielt, traute ich ihr nicht, daß sie in dieser Sache Wort hielt, denn ich konnte mir gut vorstellen, daß sie das Wasser nur jeden zweiten Tag wechselte, da es nach einem Tag oft noch recht sauber erschien. Ich erklärte ihr jedoch, daß sich in dem Wasser Keime befinden würden, die dann meine Schildkröte krank machen könnten, und daß es unerläßlich wäre, auch sauber erscheinendes Wasser zu wechseln. Sie versprach es, und mir blieb nichts anderes übrig, als zu hoffen, daß mein kleiner Schatz bis zu meiner Rückkehr gut versorgt sein würde. Daß ich dafür Anni nicht mein Zimmer offen ließ, versteht sich von allein. Ich stellte ihr das Bekken auf ein kleines Schränkchen im Badezimmer und schloß mein Zimmer wieder ab. Als ich zurückkam, ging es meiner Schildkröte gut, obwohl sie während der ganzen Zeit - wie sonst täglich - nicht laufen konnte, aber das war das kleinste Übel. Anni erzählte mir, daß Tobi sie gebissen hätte. Ich konnte mir das nicht erklären, da sie das bei mir noch nie getan hatte, aber ein Blick auf Annis Nägel zeigte mir den Grund. Sie hatte immer sehr lange, rotlackierte Fingernägel. Wenn sie mit denen zu nah an meine Schildkröte kam, glaubte diese, sie hätte ein Stück Fleisch vor sich und biß zu. Ich fand das klasse und meinte zu Anni, daß meine Schildkröte eben wisse, wen sie beißen dürfe und wen nicht.

Lange vor meinem 16. Geburtstag kaufte mir mein Vater ein nagelneues weißes Mofa. Er hatte mich damals gefragt, ob ich daran keine Freude hätte, und als ich total begeistert war, zog er sofort mit mir los und kaufte mir eins. Da er auch in einer Fahrschule die Fenster putzte, brachte er mir als Prüfungsvorbereitung ein Buch und entsprechende Prüfungsbögen mit, die ich regelrecht verschlang, denn ich wollte die Prüfung unter allen Umständen beim ersten Mal schaffen. Die eigentli-

che Prüfung war überhaupt kein Problem. Als ich das TÜV-Gebäude verließ, hatte ich den Führerschein in der Tasche und war wieder ein Stück selbständiger geworden. Die Zeit bis zu meinem 16. Geburtstag schien sich unheimlich in die Länge zu ziehen, denn ich konnte es kaum erwarten, endlich auf meinem Mofa zu fahren. Ich war sehr stolz auf mein Mofa, denn es gab kaum Freunde, die auch eins hatten, und schon deshalb war es etwas ganz Besonderes. Auch hier sieht man wieder, daß ich wirklich alles von meinem Vater bekam - alles, was man mit Geld kaufen konnte!
Als dann circa eineinhalb Jahre später die Helmpflicht eingeführt wurde und ich regelrechte Platzangst unter meinem Helm bekam, verkaufte ich mein Mofa schweren Herzens. Die Fahrt mit Helm war für mich nur noch Streß, und ich hatte somit meinen Spaß am Mofa verloren.

Da in der Schule immer mehr verlangt wurde, überlegten Tante Hilde und ich, ob ich Tobi nicht besser in gute Hände abgeben würde, um mich intensiver auf meine Klassenarbeiten und letztendlich später auf die Abschlußprüfung vorbereiten zu können. Es war zwar eine Belastung, jeden Tag das Becken sauberzumachen, aber ich genoß diese Zeit immer sehr. Andererseits war es kein schönes Leben für meine Schildkröte, denn sie war die meiste Zeit des Tages völlig alleine, und schon deshalb mußte ich ihr ein schöneres Zuhause bieten. Außerdem hatte Anni angekündigt, daß sie in absehbarer Zeit mit ihrem Freund zusammenziehen wollte und somit die Wohnung aufgeben würde. Bisher hatte sie fast nur noch in seiner kleinen Wohnung gelebt, da sie jedoch beschlossen zusammenzubleiben, suchten sie also nach einer größeren Wohnung.
Da mein Vater viele Leute kannte und unter anderem in einem noblen Stadtteil, nicht weit von uns entfernt, ebenfalls die Fenster putzte, kam er schon bald mit einer „frohen“ Nachricht. Er hatte sich mit einer Kundin über meine Schildkröte unterhalten, und diese hatte ihm die Adresse einer Frau gegeben, die sich auf diese Tiere - egal ob Land- oder Wasserschildkröten - spezialisiert hatte. Normalerweise würde diese Frau immer kranke Tiere bekommen, die sie dann liebevoll wieder aufpäppeln würde, aber wir sollten uns auf jeden Fall einmal erkundigen. Papa machte dort einen Termin, und somit rückte der Tag des Abschieds immer näher. Ich war immer noch hin- und hergerissen, aber es war das Beste für Tobi. Am besagten Tage war Yasemin bei mir, und ich ließ Tobi noch ein letztes Mal laufen. Als dann mein Vater kam, mußte Tobi gemerkt haben - so glaube ich zumindest -, daß irgend etwas mit ihr geschehen sollte. Sie machte mir vor lauter Angst einen großen Haufen auf den Teppich. Ich wickelte sie in ein Handtuch, setzte sie in ein kleineres Plastikbecken und hatte große Mühe, sie während der Fahrt dar-

in zu halten, denn sie wollte unter allen Umständen dort heraus. Als wir dann unser Ziel erreichten - ein großes Haus mit recht großem Garten -, empfing uns die zukünftige Besitzerin. Ihr Blick sagte mir: Da kommt schon wieder so ein junges Mädchen, daß eine völlig verwahrloste und fehlernährte Schildkröte bringt. Bei ihrem ersten Blick auf Tobi war sie jedoch völlig „aus dem Häuschen". Sie riß sie mir förmlich aus der Hand und sagte immer wieder: „Ist das ein toller Kerl. Was bist du für ein schönes Tier, so etwas habe ich noch nie gesehen." Ich stand dabei, unfähig, etwas zu sagen, und hätte ihr am liebsten meine Schildkröte wieder aus den Händen gerissen. Wir gingen dann in den Garten, in dem sie eine wahre Oase für Schildkröten gebaut hatte. Die Landschildkröten hatten einen eigenen abgetrennten Bereich, in dem ein kleines Wasserloch war und alle Tiere eigene kleine Holzhäuser hatten, zum Teil mit Namen versehen. Die Wasserschildkröten waren im obersten von drei Teichen untergebracht, die etagenförmig gebaut waren und in deren mittlerem Becken große Fische schwammen. Ich war ziemlich beeindruckt. Frau Simonis, so hieß die Dame, setzte sich mit mir an den Rand des Schildkrötenbeckens und ließ die neugierige Tobi ins Wasser plumpsen. Tobi war völlig überrascht von der Wassertiefe und strampelte regelrecht zurück an die Oberfläche, wo sie nach Halt suchte. Es schien mir, als hätte sie tatsächlich Angst zu ertrinken. Ich nahm sie direkt auf meine Hand und holte sie auf meinen Schoß, wo sie sich wieder beruhigen konnte. Etwas später starteten wir einen zweiten Versuch, und diesmal fühlte sie sich wohl und machte sich mit den anderen Tieren im Becken vertraut.
Es tat mir unendlich leid, meinen Schatz dort zurückzulassen, aber Frau Simonis wiederholte immer wieder, daß ich sie jederzeit besuchen könne. Das tat ich dann sehr oft, und ich war jedesmal überrascht, wie gut sich Tobi dort eingelebt hatte. Ich muß sagen, daß ich keine bessere Heimat für Tobi hätte finden können, und darüber war ich erleichtert.

Nach dem Tode von Onkel Heinz veränderte sich auch das Verhältnis meines Vaters zu Tante Hilde. Es kam vor, daß er ihre Fenster putzte, den Wagen polierte und manchmal bei uns aß. Da jetzt aber kein Mann mehr im Haus war, nahm er sich Sachen heraus, die er sonst niemals gewagt hätte. Wenn er zum Beispiel aus dem Urlaub kam, hatte er meistens Hunger. Er verlangte dann von Tante Hilde, sie solle ihm entweder eine Rindfleischsuppe oder Bratkartoffeln machen. Wenn meine Tante entgegnete, daß sie froh sei, endlich die Küche sauber zu haben, meinte er nur, daß sei doch wohl nicht soviel Arbeit und wäre schnell gemacht. Tante Hilde machte ihm dann Rindfleischsuppe warm, aber das blieb das erste und letzte Mal, denn das sollte kein Dauerzustand werden. Möglicherweise meinte mein Vater, er hätte Anspruch darauf, denn er

gab ihr zwischendurch 100,- DM mit den Worten, das sei „Eisgeld". Daß man damit aber kein Kind großziehen kann, dürfte wohl jedem klar sein.
Eine Zeitlang haben Tante Hilde und ich sehr oft alle möglichen Arten von Cremes gemacht, die auf kaltem Wege in einer Rührschüssel hergestellt wurden. Dies war eine tolle Alternative zu dem heißen Vanillepudding, den ich von klein auf schon damals von meinem Opa bekommen hatte und für mein Leben gerne esse. Wenn mein Vater dann bei uns war und wir ihm von der Creme etwas anboten, fragte er immer, ob sie auf dem „Feuer" gemacht worden sei. Wenn wir verneinten, meinte er zu Tante Hilde, wenn sie ihm gesagt hätte, daß die Creme gekocht worden wäre, hätte er sie gegessen, aber so würde er sie nicht anrühren. Tante Hilde antwortete dann: „Du glaubst doch nicht im Ernst, ich würde dich anlügen, nur damit du davon ißt. Mir ist es völlig egal, ob du davon ißt oder nicht - ich habe nichts davon."
Ich holte mir jede Woche Jugendzeitschriften wie Bravo, Pop-Rocky und Popcorn. Wenn er diese bei uns liegen sah, wurde er wütend und meinte immer: „Ich gebe dir nicht soviel Geld, damit du dir so einen Schund kaufst, hörst du?!" Natürlich holte ich mir diese Hefte auch weiterhin, und seltsamerweise schaute er sich immer, wenn er bei uns war, gerade diese Hefte an; genauso wie das monatliche Heft eines Automobilclubs, in dem Tante Hilde war, welches er mit dem gleichen Interesse las. Er schrieb ihr mehrmals vor, dieses Heft abzubestellen und letztendlich ganz aus dem Automobilclub auszutreten. Tante Hilde wurde dann zu Recht wütend und sagte ihm, sie lasse sich doch von ihm keine Vorschriften machen, und außerdem sei dieses Heft völlig kostenlos.
Wenn er Weihnachten bei uns war, drehte er immer Tanzmusik ins Radio, mit der Begründung, die Weihnachtsmusik könne er sich nicht anhören. Wenn er dann mit uns aß, saß er immer so weit und mit gespreizten Beinen vom Tisch weg, damit auch garantiert etwas auf die Eckbank fallen konnte. Dies waren zwar alles Kleinigkeiten, aber sie summierten sich, und vor allem für Tante Hilde wurde es immer schwerer, an sich zu halten. Mir ist das damals nicht so sehr bewußt gewesen, aber er kam sich in der Wohnung von Tante Hilde vor, als wäre alles ihm und sie hätte sich jetzt nach seinen Wünschen zu richten. Sie muß sehr gelitten haben und war hin- und hergerissen, denn er war schließlich mein Vater, aber irgendwann mußte das ein Ende nehmen. Meine Tante hat ihm auch niemals verzeihen können, daß er über den Tod meines Onkels einfach hinweggegangen ist. Er hat ihr nicht kondoliert und auch keinerlei Interesse gezeigt zu erfahren, woran mein Onkel überhaupt gestorben ist. Mit einer solchen Situation konnte oder wollte er wohl nicht umgehen und ging deshalb einfach zur Tagesordnung über.

5

Als ich 16 Jahre alt war, kam Tante Hilde eines Tages und brachte mir so schonend wie nur möglich bei, daß sie ins Krankenhaus müßte, denn man hatte bei ihr Unterleibskrebs festgestellt. Obwohl sie kurz vorher noch bei der jährlichen Untersuchung gewesen war, entstand die Krankheit binnen weniger Wochen. Für mich brach eine Welt zusammen, denn ich hatte große Angst, daß ich sie verlieren könnte. Sie versuchte mich zu beruhigen, denn da der Krebs sehr früh festgestellt worden war, hätte sie sehr große Chancen auf eine komplette Heilung.
Wir überlegten, wo ich während ihres Klinikaufenthaltes bleiben sollte. Fest stand, daß ich unmöglich bei Anni wohnen konnte, und darum erklärte sich mein Vater bereit, daß ich für diese Zeit bei ihm bleiben konnte. Ich schlief während dieser Zeit in seinem Bett, und er bezog seines auf der Couch. Doch schon nach wenigen Tagen zog ich es vor, bei Tante Hilde in der Wohnung zu bleiben. Ich ging sie natürlich täglich besuchen, und schon am Tag nach der Operation spazierten wir durch den Garten des Krankenhauses, obwohl sie noch fünf Flaschen mit sich führen mußte, in die die Wundflüssigkeit ablief. Tante Hilde erholte sich erstaunlich schnell, und da durch die Totaloperation der Krebs - er war bösartig - komplett entfernt wurde, brauchte sie Gott sei Dank keine Chemotherapie.
Heute wissen wir, daß diese Krankheit ausgebrochen ist, weil sie in tiefer Trauer um Onkel Heinz war. Krebs ist in den meisten Fällen eine Sache der Psyche, und ich maße mir an zu sagen, daß es niemals ein Todesurteil sein muß. Tante Hilde hat in dieser Zeit nicht gegrübelt, wie sie mir später erzählte, sondern immer daran geglaubt, daß sie wieder gesund werden würde. Nicht zuletzt wußte sie, daß sie schon allein für mich stark sein mußte, denn ich brauchte sie.
Nachdem sie dann wieder zu Hause war, durfte sie nicht schwer tragen, und so half ich ihr bei der Wäsche oder ging mit ihr einkaufen. Kurz danach hatten wir wieder Weihnachten. Tante Hilde hatte mir vorher gesagt, daß sie auf keinen Fall vorhatte, meinen Vater - wie die Jahre zuvor - zum Essen einzuladen, sondern diesmal nur zum Kaffee und zum Abendessen. Sie lud ihn dann auch dazu ein und sagte ihm, da sie gerade die schwere Operation hinter sich hätte, würde sie sich dieses Weihnachten noch schonen und daher nicht kochen. Meinem Vater war das gar nicht recht, und bei unserem letzten Gespräch, welches ich nachfolgend noch ausführen werde, besaß er tatsächlich die Frechheit zu sagen: „Es fing damals schon an, als *die* Weihnachten zu faul war zu kochen.“ Hatte er überhaupt eine Ahnung, was Tante Hilde

durchgemacht hatte oder was diese Operation für uns bedeutete? Nein! Er war ein solcher Egoist, daß er von einer wirklich kranken Frau verlangte, ihn wie selbstverständlich zu bedienen, nach dem Motto: ‚Sie soll sich mal nicht so anstellen.'

Dieser Vorfall verschlechterte das Verhältnis der beiden natürlich noch mehr, und es war keine Frage, daß ich zu Tante Hilde hielt. Mein Vater fuhr dann, wie jedes Jahr im Januar/Februar, auf die Bahamas. Ich weiß noch, wie er damals zurückkam und mich wie immer mit einem Kuß begrüßen wollte. Zu diesem Zeitpunkt war er für mich schon so fremd geworden, daß ich ihm instinktiv meine Wange hinhielt und über mich selbst erstaunt war. Mir wurde klar, daß er für unsere Probleme überhaupt kein Interesse zeigte und es nur um ihn ging. Für ihn war wichtig, daß ich immer genug Geld hatte und gut gekleidet war, doch das war nicht das, was ich wirklich brauchte. Ich erkannte, daß ich einen *richtigen* Vater gebraucht hätte und nicht jemanden, der wöchentlich kam und mich fragte, ob ich etwas benötigte.
Der berühmte Tropfen, der das Faß zum Überlaufen brachte, kam dann, als er an einem Tag mit Kuchen bei uns erschien. Normalerweise kauften wir mindestens einmal die Woche in einer bestimmten Konditorei für uns alle ein Stück Kuchen, und es war völlig unüblich, daß er - ohne uns zu fragen - einfach welchen mitbrachte. Wir saßen noch beim Essen, und Tante Hilde machte ihm dann Kaffee. Ich fragte ihn auch noch, ob irgend etwas Besonderes sei, aber er verneinte. Mir fiel zwar auf, daß er merkwürdig still war, aber das war mir ziemlich egal, denn ich war noch immer wütend auf ihn. Als er dann endlich ohne große Verabschiedung gegangen war, machte ich meinem Ärger Luft. Ich sagte Tante Hilde, daß er mittlerweile immer dreister werden würde, denn jetzt würde er sich den Kuchen schon einfach mitbringen, von ihr verlangen, Kaffee zu kochen, sich den „Mund abputzen" und einfach wieder gehen. Wir überlegten dann noch, was wohl der Grund für diesen merkwürdigen Besuch war, und schließlich meinte sie - nach einem Blick auf den Kalender -, er hätte heute Geburtstag gehabt. Es tat mir leid, daß ich seinen Geburtstag vergessen hatte, noch dazu, wo er so offensichtlich, jedoch nicht offensichtlich genug, mit Kuchen kam. Aber trotz allem fand ich sein Verhalten immer noch anmaßend.
Damals hatte ich die Geburtstage nicht alle im Kopf, und Tante Hilde war immer diejenige, die mich darauf aufmerksam machte. Dieses Mal aber hatte auch sie es vergessen. Ich ging also noch am gleichen Tag in die Stadt und kaufte ihm einen schicken Pullover bei einem noblen Herrenausstatter. Am nächsten Tag kam er mich wie immer von der Schule abholen. Ich sah ihm sofort an, daß er sehr wütend war. Auf der Fahrt nach Hause sprachen wir kein Wort. Als er den Wagen bei Tante Hilde

parkte, bat ich ihn, doch noch mit hoch zu kommen, da ich ein Geschenk für ihn hätte und es mir leid täte, daß ich seinen Geburtstag vergessen hätte. Er war beleidigt und wollte unter keinen Umständen mit hoch. Er machte eine bissige Bemerkung, und mir war klar, daß er meiner Tante die Schuld dafür gab, daß ich seinen Geburtstag vergessen hatte. Ich bat ihn abermals, mit mir hochzukommen und sein Geschenk anzunehmen, aber er weigerte sich weiterhin. Daraufhin meinte ich, daß ich gehen würde. Die folgenden Minuten sind mir noch so gut in Erinnerung, als seien sie gestern geschehen. Er nahm seine Geldbörse aus der Hosentasche, holte etliche Scheine heraus und fragte: „Brauchst du Geld? Wieviel Geld brauchst du?" Ich konnte nicht glauben, daß er dachte, mit Geld sei alles wieder in Ordnung. Er legte es auf meinen Schoß, und ich kann nicht erklären, warum, aber ich kam mir unbeschreiblich dreckig und erniedrigt vor. Ich nahm das Geld, stieg aus dem Wagen, legte es jedoch auf den Beifahrersitz zurück und sagte mit zitternder Stimme: „Ich brauche dein Geld nicht!"
Ich kann bis heute sein Verhalten nicht begreifen, denn das war das letzte Mal, daß ich meinen Vater gesehen habe, und das ist jetzt über 14 Jahre her. Ich war doch damals noch ein Kind, und es ist mir unerklärlich, daß ein Vater nicht wissen will, was aus seinem Kind geworden ist. Dies war doch unmöglich ein so schwerer Fehler von mir, daß er sein einziges Kind völlig aus seinem Leben streicht. Ich habe sehr lange gebraucht, um sein Verhalten zu akzeptieren, und mittlerweile ist mir klar, daß er mir nie ein richtiger Vater war, sondern daß ich von ihm lediglich Geld, Kleidung und sonstiges bekommen habe - alles - außer Liebe. Anni sagte mir dann, daß mein Vater sich immer eine Tochter gewünscht hätte, damit er später nicht alleine sei und jemanden hätte, der sich um ihn kümmern und ihn pflegen würde. Er sei durch und durch ein Egoist gewesen, und ich war für ihn nur ein Mittel zum Zweck. Wenn man so etwas hört, dann ist man nicht mehr der Mensch, der man war! Von den eigenen Eltern enttäuscht zu werden, das ist wohl das Schlimmste, was einem widerfahren kann. Ich glaube heute, daß ich deshalb nicht auf andere Menschen zugehen kann, jedem mit Vorsicht begegne und mich lieber auf mich selbst verlasse als auf jemand anderen. Bevor ich jemanden um einen Gefallen bitte, versuche ich zunächst aus eigener Kraft, das gewünschte Ziel zu erreichen. Außerdem bleibe ich niemandem etwas schuldig, denn ich will von niemandem abhängig sein, und dank meiner Tante bin ich sehr selbständig erzogen worden. Alles, was ich erreicht habe, habe ich ganz allein durch sie und ihre Unterstützung geschafft. Das kann und werde ich niemals vergessen!

Nachdem mein Vater und ich getrennte Wege gingen, überlegte ich mir aus einer Laune heraus, meine langen Haare abschneiden zu lassen. Sie waren mir auf einmal zuviel, und ich haßte es, sie jeden Tag so lange fönen zu müssen. Kurz darauf trug ich meine Haare ganz kurz. Möglicherweise war das unbewußt eine kleine Rache an meinem Vater, denn er hatte mir immer gepredigt, ich solle mir nie die Haare schneiden lassen.
Seitdem mein Vater nicht mehr kam, gab es nur noch Tante Hilde und mich. Unser Mutter-Tochter-Verhältnis war einigen Menschen wahrhaftig ein Dorn im Auge. Ich weiß noch, wie ich damals ein Muttermal entfernen ließ, was eine recht große und schmerzhafte Operation war. Danach wurde ich sogar eine Zeitlang krankgeschrieben, und schon daran konnte man sehen, daß es wirklich keine Kleinigkeit war. Tante Hilde war genau am Tag der Operation von einer Bekannten eingeladen worden, aber sie beharrte darauf, mich nach der OP abzuholen und nach Hause zu bringen. Ich mußte sie lange überreden, daß sie dann auch die Einladung wahrnahm, denn sie hätte mir ohnehin nicht helfen können. Nachdem sie schon kurze Zeit später wieder zurück zu mir nach Hause wollte, bekam sie von ihrer Bekannten zu hören: „Wie du die Vera versorgst und verwöhnst, das ist falsch! Du machst da einen großen Fehler. Du tust einfach zuviel für sie und wirst schon sehen, daß du später einmal sehr von ihr enttäuscht wirst!" Die Bekannte hatte nicht die geringste Ahnung, was Tante Hilde und ich bisher gemeinsam durchgemacht hatten, und die Krönung ihrer Äußerungen war die Tatsache, daß sie unqualifizierte Erziehungsratschläge gab, obwohl sie überhaupt keine Kinder hatte und noch nie mit solchen direkt in Verbindung gestanden hatte. Es macht mich immer wieder sprachlos, was sich fremde Leute uns gegenüber herausnehmen und dabei glauben, damit auch noch durchzukommen! Ich brauche wohl nicht zu sagen, daß der Kontakt zu dieser Bekannten danach abbrach.

Auch zu jedem Elternabend brachte ich Tante Hilde mit, denn ich hatte Angst, ich könnte mich mit Anni blamieren. Egal, wo wir waren, Anni machte durch ihre laute Stimme und ihr schrilles Aussehen, welches aus sehr kurzen und engen Sachen, überlangen Fingernägeln und etlichen Ringen bestand, überall auf sich aufmerksam. Nicht zuletzt kümmerte sie sich überhaupt nicht mehr um mich, warum also sollte sie mich dann auf einem Elternabend vertreten? Apropos laute Stimme, eine Bekannte erzählte mir einmal von folgender Situation: Sie stand ganz hinten am letzten Schalter in der Sparkasse, und Anni betrat die Bank. Sobald sie Frau Streck sah, brüllte sie durch die ganze Sparkasse: „Hallo, Frau Streck, was macht denn ihr Sohn?" Man kann sich vorstellen, daß für einen kurzen Moment, der Frau Streck wie eine Ewigkeit

vorkam, in dem gesamten Raum Totenstille herrschte und alle Augen auf Frau Streck gerichtet waren. Ich mußte herzhaft lachen, als ich davon hörte, denn das war ganz typisch für Anni und absolut keine Seltenheit.
Auf einem der letzten Elternabende blieben Tante Hilde und ich noch mit meiner Klassenlehrerin im Raum zurück, um ihr zumindest andeutungsweise zu erklären, weshalb ich - im Gegensatz zu anderen Mitschülerinnen - meine Tante zu einem solchen Treffen mitbrachte. Das Gespräch nahm dann eine unerwartete Wendung. Wir erzählten von der Wohnung, in der ich aufwuchs, und ich konnte meiner Lehrerin ansehen, daß sie nachfühlte, was ich durchgemacht haben mußte. Sie war völlig geschockt. Diese Lehrerin hatte es zu Beginn in unserer Klasse nicht leicht, denn einige meiner Mitschülerinnen machten ihr das Leben sehr schwer. Ich mochte sie jedoch von Anfang an, denn sie versuchte es ganz im Gegensatz zu anderen Lehrern nicht mit Strenge, sondern mit Geduld und Freundlichkeit. Da mir bei ihr der Deutschunterricht immer viel Spaß machte und es mir nicht schwer fiel, fast immer sehr gute Aufsätze zu schreiben, machte es mir seltsamerweise nicht viel aus, daß sie jetzt über mein ehemaliges Zuhause Bescheid wußte. Seit diesem Abend hatten wir ein besonderes „Verhältnis" zueinander, was möglicherweise seltsam klingt, aber da sie mein Geheimnis kannte, konnte ich viel offener sein. Auch nachdem ich meinen Schulabschluß hatte, blieben wir noch in Kontakt. Nachfolgend werde ich noch von ihr berichten, denn sie war mir etwas später eine große Hilfe.

Nachdem ich die Realschule mit Erfolg abgeschlossen hatte, ging ich mit meinen Freundinnen Sabine und Petra auf die höhere Handelsschule. Da ich nämlich noch sehr unschlüssig über mein späteres Berufsziel war, entschied ich mich für diese Lösung, denn damit hatte ich später unter Umständen bessere Möglichkeiten, einen Beruf zu finden.
Obwohl mir die Fächer wie Organisationslehre und Rechnungswesen überhaupt nicht lagen, war es eine schöne Zeit, denn wir drei stellten manchmal die komplette Klasse auf den Kopf. Unsere Mitschüler und unsere Lehrer konnten überhaupt nicht begreifen, daß wir so dick befreundet waren, obwohl man doch sagt, daß sich drei Menschen unmöglich verstehen können, denn einer sei immer zuviel. Wir belehrten sie eines Besseren.
Petra hat zwischendurch immer mal wieder bei mir beziehungsweise bei meiner Tante übernachtet, denn wie sie sagte, machte ihr Vater ihr oft eine Menge Streß. Lange vor unserer Abschlußprüfung wohnte Petra schließlich ganz bei uns. Wir wollten ihr helfen, damit sie in Ruhe für ihre Prüfung lernen konnte. Ihr Vater drohte zunächst, uns die Polizei ins Haus zu schicken, wenn wir seine Tochter nicht umgehend wieder

nach Hause schicken würden. Schließlich lenkte er ein, und sie konnte so lange bleiben, bis sie zumindest die Prüfung überstanden hatte. Tante Hilde und ich brauchten einige Zeit, bis wir merkten, daß nicht ihr Vater der Familie das Leben zur Hölle machte, sondern daß sie selbst derart intrigierte, daß dort ständig Streit in der Luft lag. Petra sagte dann auch einmal, daß es ihr bei meiner Tante und mir zu ruhig besser gesagt zu langweilig wäre, denn bei uns würde es nie Streit geben. Tante Hilde machte ihr klar, daß wir alles ausdiskutieren würden und es keinen Anlaß gäbe herumzubrüllen und wir auch nicht die Absicht hätten, das zu ändern. Nachdem es ihr dann bei uns zuviel wurde, ging sie endlich wieder nach Hause. Ihr Vater schickte uns dann per Post sage und schreibe 30,- DM und meinte, daß die fast vier Wochen doch nicht mehr gekostet haben konnten. Tante Hilde ließ das Geld umgehend zurückgehen, denn wir wollten keine Almosen.
Tante Hilde mußte sich durch mich schon einiges gefallen lassen, aber wir haben aus allem gelernt und würden so etwas nicht noch einmal tun. Petra hat nach etlichen Jahren tatsächlich noch einmal den Versuch unternommen, mit mir Kontakt aufzunehmen, indem sie mir einen Brief schrieb. Ich schrieb ihr daraufhin zurück, und unter anderem konnte sie darin folgenden Satz lesen: „Ein guter Freund sagte einmal zu mir: Wenn mich jemand hintergeht, kann ich diese Person ohne weiteres aus meinem Leben streichen. - Das habe ich mit Dir getan. Ich wünsche Dir alles Gute auf Deinem weiteren Lebensweg ...“ Ich hörte nie wieder etwas von ihr!

Zu Beginn der höheren Handelsschule hatte mir Tante Hilde den Führerschein geschenkt. Meine Freundin Claudia, die noch bei Anni gegenüber wohnte, hatte den Führerschein schon lange vor mir angefangen und war bei der theoretischen Prüfung durchgefallen. Sie erzählte mir stolz, daß sie trotzdem schon mit dem Wagen ihres Vaters fahren würde, manchmal hätte sie nur einige Probleme, ihn genau auf den gleichen Parkplatz zu stellen, damit er es nicht merken würde. Ich hielt ihr vor, wenn sie erwischt werden würde, könnte sie ihren Führerschein für immer vergessen, aber sie hatte keine Angst.
Für die theoretische Prüfung lernte ich sehr fleißig, und am Prüfungstag fuhr mich mein Fahrlehrer mit einer anderen Fahrschülerin zum TÜV und wartete dort, bis ich fertig war. Wie zuvor die Mofa-Prüfung machte ich auch diese Prüfung fehlerfrei und war mindestens „einen Meter größer“, als ich das Gebäude verließ. Mein Fahrlehrer war natürlich erfreut, meinte aber, er habe nichts anderes erwartet. Bis zur praktischen Prüfung brauchte ich nur circa sechs Stunden zusätzlich zu den Pflichtstunden, und auch diese Prüfung bestand ich einwandfrei. Somit hatte ich den Führerschein noch vor Claudia in der Tasche.

Daraufhin fuhren Tante Hilde und ich wieder an die Nordsee. Diesmal allerdings mit dem Wagen und wir einigten uns vorher, daß wir uns abwechseln würden. Auf der Hinfahrt kamen wir in einen ungeheuer starken Regen, den die Scheibenwischer kaum bewältigt bekamen, und nachdem wir dann noch einen schweren Unfall gesehen hatten, wollte Tante Hilde überhaupt nicht mehr fahren. Sie fand, ich würde sehr gut fahren, und nachdem sie den Unfall gesehen habe, sei es ihr schon etwas komisch. Da ich von Anfang an gerne fuhr, machte mir das natürlich nichts aus.
Im Urlaub lernten wir auf unserer Kutschfahrt nach Neuwerk ein Ehepaar mit ihrer Tochter kennen. Beim Thema Pferde waren wir zwei nicht mehr zu halten und verabredeten uns für den nächsten Tag, um die Strecke nach Neuwerk auf dem Rücken der Pferde zurückzulegen. Das Mädchen war circa fünf Jahre jünger, und als ich ihr erzählte, daß ich schon achtzehn sei und die Strecke von Köln alleine gefahren bin, wollte sie meinen Führerschein sehen, denn das konnte sie nicht recht glauben. Der Ritt nach Neuwerk war toll. Wir machten dort etwas Rast, und auf dem Rückweg bekam ich doch ein mulmiges Gefühl, denn unser Führer hatte einiges getrunken, und ich bezweifelte, daß er noch den richtigen Weg durch das Watt finden würde, aber er konnte es Gott sei Dank. Zurück zu Hause, waren wir von oben bis unten voller Matsch. Die Hose und die Schuhe, die ich getragen hatte, konnten wir wegschmeißen, denn die hätten wir im Leben nicht mehr sauber bekommen. Aber es war ein einmaliges Erlebnis.

Als wir wieder zu Hause waren, entschloß ich mich, eine Kampfsportart zu erlernen. Ich sah mir verschiedene Studios an und entschied mich für eines ganz in meiner Nähe, wo Kickboxen unterrichtet wurde. Ich hatte keine große Ahnung, was das genau war, aber da es zur Selbstverteidigung unterrichtet wurde, wollte ich diese Sportart erlernen. Der Sohn des Studiobesitzers bot mir ein Probetraining an und schlug vor, ich solle mir einmal ansehen, was mich erwarten würde. Da ich wußte, wenn ich erst noch lange Bedenkzeit hätte, würde ich es mir unter Umständen anders überlegen, und darum lehnte ich dankend ab und unterschrieb sofort den Vertrag. Ein weiterer Grund, warum ich unbedingt in diesem Studio trainieren wollte, war die Tatsache, daß dort mein damaliger Lieblingssänger den gleichen Sport ausübte, und ich hoffte natürlich, ihn dort auch einmal zu treffen. Ich war damals außerdem schon ein großer Elvis-Fan, über den ich wußte, daß er Karateliebhaber war, und schon deshalb wollte ich unbedingt eine Kampfsportart erlernen.
Kurz bevor ich mein Training begann, ließ ich meine Haare wieder einmal ganz kurz schneiden. An meine erste Stunde kann ich mich noch

gut erinnern. Ich saß mit den anderen Mädchen, die alle jünger waren als ich, in einer Ecke des Raumes, und René, der Sohn des Besitzers, kam herein. Er sah mich an, schaute weg und sah wiederum zu mir. Das erste, was er sagte, war: „Du hast ja die Haare ab!" Seine Enttäuschung war kaum zu übersehen. Hinzu kam, daß mir die neue Frisur absolut nicht gefiel, denn es war kein schöner, pfiffiger, kurzer Schnitt, sondern es war einfach nur kurz - Schluß, aus!

Das Training gefiel mir sehr gut, und ich freundete mich schnell mit den anderen Mädchen an. Da ich die Älteste war und somit auch die einzige, die ein Auto besaß, war ich sehr beliebt. Ich nahm Daniela, Nicole und Melanie fast jedesmal mit und setzte alle zu Hause ab. Besonders mit Daniela verstand ich mich sehr gut. Sie hatte damals einen einmaligen Haarschnitt, und auch ihre Kleidung war völlig unüblich. Da sie ein großer Michael-Jackson-Fan war - und noch ist -, trug sie ähnliche Schuhe, und ihre Jacke war voller Nieten. Das einzigartige aber war ihre Frisur. Sie hatte sehr lange Haare, wobei die Seiten über den Ohren rasiert waren. Ihr Pony reichte bis fast über die Ohren und war immer zu einer Spitze zusammengedreht, die über ihrem Auge hing. Einmal während des Trainings wollte René eine Übung mit ihr machen. Sie lag am Boden, er war über ihr, und plötzlich hob sie ihre Hand und sagte: „Stopp!" Ehe er wußte, was los war, hatte sie ihre Strähne wieder über ihr Auge plaziert und meinte: „So, jetzt kannst du weitermachen!" Wir mußten alle lachen, denn das war typisch Danny. Nach Trainingsende setzte ich sie immer zuletzt zu Hause ab, und wir saßen dann meist noch sehr lange im Auto, wo sie mir eine ihrer Geschichten erzählte, die sie sich gerade ausgedacht hatte. Tante Hilde machte sich derweil Sorgen, und wenn sie Dannys Mutter anrief, schaute diese nur aus dem Fenster und meinte: „Die sitzen hier noch im Auto."

Wir reden heute noch manches Mal von dieser Zeit und müssen dann oft sehr lachen, denn Danny fragte jedesmal, wenn sie mir eine Geschichte erzählte, an der Stelle, wo es am spannendsten war: „Langweile ich dich! Also, wenn ich dich langweile, mußt du es sofort sagen." Ich hätte sie dann erwürgen können, denn das war praktisch so wie im Fernsehen: An der spannendsten Stelle kommt die Werbung.

6

Noch vor meinem 18. Geburtstag bekam ich einen Brief von einer Bank, in dem man mir mitteilte, daß ich mit Eintritt der Volljährigkeit über mein Geld verfügen könne. Ich wußte zunächst überhaupt nicht, von welchem Geld die Rede war. Doch ziemlich schnell war uns klar, daß es sich um das meines Vaters handeln mußte, welches er jahrelang für mich gespart hatte und dessen Sparbücher er mir jedesmal, wenn ich bei ihm war, gezeigt hatte. Er hatte immer wieder betont: „Das bekommst du einmal, wenn du volljährig bist." Natürlich wollte ich nicht, nach allem was geschehen war, zu ihm gehen und ihn bitten, mir das Sparbuch zu geben. Andererseits bestärkte mich auch der Sachbearbeiter der Bank darin, daß dies mein Geld sei, da das Buch auf meinen Namen laufen würde. Er riet uns, das Sparbuch als vermißt zu melden, damit die Verhältnisse zunächst in Ruhe geklärt werden konnten. Es widerstrebte mir, das zu tun, aber etwas später war ich doch froh, so gehandelt zu haben. Mein Vater ging nämlich genau den Samstag nach meinem Geburtstag zu seiner Bank und wollte 2000,- DM von diesem Konto abholen - genau den Betrag, den man monatlich abholen konnte, ohne das Konto zu kündigen. Wenig später benachrichtigte mich die Bank, daß mein Buch „gefunden" worden war. Wir erfuhren, daß man meinen Vater auf der Bank gefragt hatte, wie er in den Besitz des Buches komme, da es als vermißt gemeldet sei. Er mußte das Buch sofort abgeben, und wenige Tage später lag es bei meiner Bank, wo ich über das Geld verfügen konnte, so glaubten wir zumindest. Auf einmal hieß es, daß dies zwar mein Geld sei, ich jedoch nur im Hinblick auf die weitere Anlage darüber verfügen könne.

Natürlich bekam auch Anni mit, daß ich jetzt das Geld von meinem Vater hatte, und ihr Freund Stademark erklärte sich sofort bereit, mit mir zur Bank zu gehen, um dafür zu sorgen, daß ich über mein Geld verfügen könnte. Ich traf mich tatsächlich mit ihm dort, und als wir wieder draußen waren, hatte er überhaupt nichts erreicht, aber er fragte mich ganz direkt, ob ich ihm nicht ein paar tausend Mark leihen könnte, die er mir natürlich mit Zinsen zurückzahlen würde. Ich verneinte, und auf einmal war mir bewußt, warum er so wild darauf gewesen war, diese Angelegenheit für mich zu klären. Schließlich gelang es Tante Hilde, daß ich einen Großteil des Geldes weiter anlegte und den Rest auf ein normales Sparbuch einzahlte, über das ich jederzeit verfügen konnte. Mit diesem Geld ermöglichte ich mir die Einrichtung meiner ersten eigenen Wohnung, die ich in einigen Jahren bekommen sollte.

Anni und Stademark hatten mittlerweile eine größere Wohnung ganz in unserer Nähe gefunden. Sie bot mir an, mit ihnen zu kommen. Es war natürlich klar, daß ich gar nicht erst darüber nachdenken mußte, sondern bei Tante Hilde blieb. Abgesehen davon, daß es für mich völlig indiskutabel war, wieder zu Anni zu ziehen, hätte ich bei den beiden ohnehin ebenfalls kein eigenes Zimmer haben können. Uns war jedoch bewußt, daß Anni mir dieses Angebot machen mußte, denn sonst hätte es womöglich so ausgesehen, als habe sie mich aus der Wohnung geworfen.
Obwohl ich Anni ausdrücklich mitgeteilt hatte, daß ich auf keinen Fall mit zu ihr ziehen würde, wollte sie auch mich beim Einwohnermeldeamt unter der neuen Adresse anmelden. Tante Hilde hatte mich jedoch längst bei sich gemeldet, damit alles seine Ordnung hatte. Anni wollte dies jedoch nur - wenn man eins und eins zusammenzählte - aus steuerlichen Gründen.

Nun hatten wir jedoch das Problem, wohin wir die ganzen Möbel aus meinem Zimmer schaffen sollten. Wir gaben für die Sitzgruppe eine Annonce auf, und nach und nach haben wir alle Möbel abgegeben. Unter anderem bekam meine Schulkameradin Sabine beziehungsweise ihre Mutter einige Schränkchen, die sie jedoch erst wochenlang auf dem Balkon stehen lassen mußte, da diese ganz erbärmlich gestunken haben. Letztendlich waren sie dann jedoch für die Wohnung überhaupt nicht zu gebrauchen, weil sie den Geruch nicht herausbekam! Natürlich zog während der langen Zeit, seit der die Möbel aus dem Wochenendhaus in meinem Zimmer standen, der Gestank aus den anderen Zimmern unweigerlich in meines, und daher war es nur verständlich, daß die Möbel mittlerweile auch diesen Geruch angenommen hatten. Es tat Tante Hilde und mir sehr leid, alles wegzugeben, denn diese Möbel waren mit großen Erinnerungen an Onkel Heinz verbunden, aber da wir keine andere Möglichkeit hatten, die Möbel unterzubringen, mußten wir diesen Weg wählen. Bei der ganzen Wohnungsauflösung hatten wir wohl das kleinste Problem, denn Anni mußte schließlich den ganzen Müll aus dem Wohnzimmer, der Küche, dem Balkon und dem Keller schaffen, und damit hatte sie weiß Gott ein Problem. Stademark kam während dieser Zeit auch mal in mein Zimmer und muß sich doch auch gefragt haben, warum ich es sauber hatte und Anni im Dreck lebte. Er hat es nie erwähnt.
Ich war natürlich sehr gespannt, wie sie die Zimmer räumten, denn ich war insgeheim überzeugt, wenn er erst das ehemalige Wohnzimmer sehen würde, dann würden wir von ihm nur noch einen „Kondensstreifen" sehen. Aber allen Erwartungen zum Trotz half er ihr wirklich, die komplette Wohnung auszuräumen.

Wenn Anni später einmal schlecht über ihn redete, erinnerte ich sie daran, was er für sie getan hatte. Glaubte sie wirklich, daß das, was er auf sich genommen hatte, auch jeder andere Mann für sie getan hätte? Nein, auf keinen Fall! Er mußte sie wirklich geliebt haben, oder warum hatte er sonst für sie den Müll weggebracht. Sie konnte über ihn sagen, was sie wollte, aber ich erklärte ihr dann immer wieder, daß ich es ihm hoch anrechnen würde, daß er ihr so geholfen hatte.
In die neue Wohnung der beiden bin ich dann auch mehrmals gegangen, denn ich war natürlich neugierig, wie schnell sie es schaffen würde, auch aus dieser Wohnung eine Müllkippe zu machen. Sie wohnten auf der dritten Etage eines sehr schönen alten Hauses, in dem ganz unten die Verkaufsräume einer Druckerei waren, die darüberliegende Etage beinhaltete die Setzerei und direkt unter der Wohnung der beiden war die Druckerei. Zu meiner Überraschung entwickelte sich Anni tatsächlich zur Hausfrau. Ihr Freund bekam regelmäßig gekocht, sie backte Plätzchen und Kuchen, und sogar die Butterbrote schmierte sie für ihn - davon konnte ich als Kind nur träumen! Es war wirklich so, daß sie ihm alles das gab, was sie mir früher verwehrte. Die Möbel, die sie für diese Wohnung brauchten, wie zum Beispiel eine Ledercouch und einen Wohnzimmerschrank, bezahlte Anni von ihrem eigenen Geld, da Stademark noch einige Rechnungen *offen hatte.*

Die Zeit in der höheren Handelsschule ging allmählich auch zu Ende, und die Abschlußprüfung stand bevor, aber ich wußte immer noch nicht, was ich eigentlich für einen Beruf ergreifen wollte. Da kam eines Tages der Stademark mit einem Vorschlag: „Was hältst du denn von dem Beruf des Schriftsetzers?" Ich sagte ihm, daß ich damit überhaupt nichts anfangen könnte, denn ich hatte keine Ahnung, was dieser Beruf für Aufgaben mit sich brachte. Er gab mir einen kurzen Einblick in die damit verbundenen Tätigkeiten und versprach, daß er bei seinem Bekannten, der die Druckerei im gleichen Hause betrieb, nachfragen wollte, ob ich dort ein Praktikum machen könnte. Er kümmerte sich tatsächlich darum, und schon wenige Wochen später machte ich in der Setzerei ein Praktikum. Ich lernte Anzeigen und Filme zu montieren, Korrektur zu lesen, Aufnahmen an der Reprokamera zu machen, Platten zu kopieren und bekam einen Einblick in die eigentliche Arbeit eines Schriftsetzers: das Setzen am Computer. Ich war vom ersten Tag an total begeistert, und für mich stand sofort fest, daß es genau das ist, was ich gesucht hatte, denn der Beruf war sehr vielseitig, und es machte mir einfach alles Spaß, und das war die Hauptsache. Ein weiterer wichtiger Punkt war die Tatsache, daß dort alle sehr nett waren und ein Mädchen im Jahr vorher die Lehre begonnen hatte und somit nicht viel älter war als ich. Der Eigentümer war von mir sehr angetan, aber er hatte nicht damit gerechnet, daß ich schon einige Monate später die Lehrstelle antreten wollte. Er hatte erst im nächsten Jahr mit mir gerechnet. Ich machte ihm unmißverständlich klar, daß das auf jeden Fall mein Berufsziel sei, und wenn ich nicht in seiner Druckerei eine Lehre beginnen könnte, dann würde ich mich unter allen Umständen in anderen Betrieben bewerben. Er entschied sich dann aber doch recht schnell, und bald darauf hielt ich meinen Lehrvertrag in den Händen. Wir gingen ihn in aller Ruhe durch, und als ich bereits auf der ersten Seite las, was mein zukünftiges Gehalt in den einzelnen Lehrjahren sein würde, da war ich überhaupt nicht mehr zu halten. Bis dahin hatte ich keine Vorstellung gehabt, was ich bereits in der Lehre verdienen würde, es hatte nur gezählt, daß mir der Beruf Spaß machte, denn ich mußte ihn schließlich ein Leben lang ausüben. Nachdem ich den Vertrag unterzeichnet hatte, war ich noch mehr als zuvor überzeugt, den richtigen Weg gewählt zu haben.

Mein zukünftiger Chef konnte dann auch nicht mehr an sich halten und sagte mir, daß er zu Beginn sehr gespannt gewesen sei, wie denn die Tochter von der „Frau König" aussehen würde. Er war völlig sprachlos gewesen, als er mich kennenlernte, denn ich war das komplette Gegenteil von ihr. Anni war und ist immer sehr laut, wenn sie sich mit jemandem unterhält, damit auch jeder im Umkreis mitbekommt, was sie erzählt. Ich hingegen war sehr schüchtern und ruhig. Anni war schon immer von der Kleidung her sehr auffallend und für ihr Alter oft zu *jugendhaft* gekleidet, wohingegen ich eher fein und sportlich gekleidet bin. Anni war sehr dick und unvorteilhaft geschminkt, ich wiederum betonte bis zu diesem Zeitpunkt, wenn überhaupt, nur etwas die Augen. Anni hatte immer sehr lange Fingernägel, die sich schon nach vorne bogen und trug an jedem Finger einen Ring, ich war auch in dieser Beziehung das genaue Gegenteil. Man kann sich also lebhaft vorstellen, daß er mehr als erstaunt war, als er mich das erste Mal sah. Er meinte auch, er habe sich ernsthaft gefragt, wie die Tochter wäre, wenn die Mutter schon so auftreten würde. Er hatte mir die Chance mit dem Praktikum eigentlich nur gegeben, um Stademark einen Gefallen zu tun. Aber jetzt war er doch froh, das Risiko eingegangen zu sein.

Dadurch daß ich nun im gleichen Haus arbeitete, in dem Anni wohnte, sah ich sie natürlich öfter, als mir lieb war. Manches Mal kam sie ganz unvermittelt und wollte sich mit mir unterhalten, obwohl sie sah, daß wir viel zu tun hatten. Mir war das immer sehr unangenehm, aber meine Kollegen schmunzelten dann nur, denn auch sie hatten mittlerweile erkannt, daß ich zu meiner *Mutter* keine allzu gute Beziehung hatte. Hinzu kam, daß ich natürlich nur von meiner Tante erzählte, und wenn ich zum Beispiel Geburtstag hatte, brachte Tante Hilde mir dort Frika-

dellen, Salat und Kuchen vorbei, und sie sahen, daß ich mit ihr ganz anders umging als mit Anni. Oft kam es auch vor, daß Anni einen meiner Kollegen ganz selbstverständlich fragte, ob er ihr ihren schweren Einkaufswagen hochtragen könnte. Jeder andere hätte seine Einkäufe in mehreren Gängen nach oben geholt, aber sie bemühte einfach jemand ihr völlig Fremden, damit sie nicht soviel Mühe damit hatte. Daß sie dafür die Leute von ihrer Arbeit wegholte, war für sie uninteressant. Vermutlich glaubte sie auch, nur weil ich jetzt dort arbeitete, hätte sie gewisse Rechte, aber im Grunde verhielt sie sich schon immer derart rücksichtslos.
Besonders mit Tessy habe ich mich sehr angefreundet. Ein paar Arbeitskollegen und ich wurden sogar zu ihrer Hochzeit in Stuttgart eingeladen, wo wir von ihrer Familie aufgenommen wurden, als gehörten wir schon ewig dazu. Wir hatten dort eine tolle Zeit, und es machte Spaß zu sehen, wie es in einer solchen Großfamilie zugeht, Tessy hat nämlich noch zwei Schwestern und drei Brüder. Eines Tages flüsterte sie mir zu, daß sie schwanger sei. Wir waren total aufgeregt, und ich war um so überraschter, als sie mich einige Monate später fragte, ob ich die Patenschaft übernehmen wollte. Ich fühlte mich sehr geehrt, daß Tessy und Rainer sich entschlossen hatten, mich als Patin zu wählen. Ich wußte aus eigener Erfahrung, was es heißt und heißen konnte, eine solche Aufgabe zu übernehmen. Tante Hilde war meine Patentante, und bei ihr ist genau die Situation eingetreten, nämlich sich des Kindes anzunehmen, wenn die Eltern - aus welchem Grund auch immer - nicht mehr für das Kind sorgen können. Ich hatte mir diese Patenschaft also reiflich überlegt und stimmte dann auch zu. Es war schon ein tolles Gefühl, jetzt eine solche Verbindung zu einem Kind zu haben, noch dazu, wo ich mit den Eltern überhaupt nicht verwandt war. Aber das war völlig unwichtig. Tessys Schwangerschaft habe ich natürlich live miterlebt, und als Stefanie dann im Mai 1991 zur Welt kam, rief Rainer uns als erste an und teilte uns mit, daß beide wohlauf waren. Ich bin dann natürlich sehr oft zu ihnen gefahren, denn ich hatte ja jetzt eine Aufgabe übernommen und wollte von der Kleinen so viel wie möglich mitbekommen. Heute ist Stefanie so groß, daß sie ihrer Patentante schon mal auf die „Füße treten muß", um sie daran zu erinnern, wieder mit ihr ins Kino zu gehen oder einfach nur vorbeizukommen. Durch meinen Schichtdienst habe ich leider nicht immer die nötige Zeit, aber ich versuche trotzdem, sie so oft wie möglich zu sehen.

Nachdem ich meine Lehre begonnen hatte, besuchte ich Anni und Stademark noch öfter als zuvor. Sinn und Zweck dieser Besuche war einzig und allein die Kontrolle, ob sie die Wohnung weiterhin sauberhalten würde. Ich hatte sehr große Angst, daß es andernfalls auch auf

mich zurückfallen könnte, denn der Eigentümer war ja bekanntlich mein Chef. Davon abgesehen, kam die Frau meines Arbeitgebers auch des öfteren zu den beiden in die Wohnung, um etwaige Mängel oder sonstiges zu besprechen. Schon alleine aus diesem Grund mußte sie die Wohnung in Ordnung halten.
Bis auf eine Menge Zeitungen, die sie in der Diele in einem Regal sammelte, hielt sie die Wohnung tatsächlich sauber. Es war natürlich eine Sauberkeit, die nicht annähernd an die von Tante Hilde und mir heranreichte, aber für Anni war es eine echte Leistung. Die Zeitungen nahm ich dann sehr oft mit, denn ich sammelte alles von Elvis, und somit hatte Anni dieses Müllproblem gelöst. Die Zeitungen stanken widerlich nach altem Rauch, und darum brachte ich sie sofort oder spätestens am nächsten Tag, nachdem ich sie durchgeblättert hatte, in den Altpapiercontainer. Jedesmal, bevor ich Anni besuchte, rief ich sie mindestens eine Stunde vorher an und sagte ihr, sie solle die Fenster aufmachen, denn sonst würde ich nicht kommen. Seit jeher hatte sie etwas gegen frische Luft, denn wenn ich die Wohnung betrat, rannte ich sprichwörtlich gegen eine Wand. Es stank nach abgestandenem Rauch und alten Küchengerüchen. Wenn ich nicht immer durch alle Zimmer gegangen wäre, hätte ich schwören können, sie sammelte wieder irgendwo den Müll, denn der Gestank war fast identisch. Wenn ich dann bei ihr war, stank es wie sonst auch, und sie beteuerte dann jedesmal, daß sie sofort nach meinem Anruf die Fenster geöffnet habe und es jetzt unmöglich noch so schlimm riechen könne. Da sie es mit der Wahrheit noch nie so genau nahm, wußte ich, daß sie die Fenster erst kurz vor meinem Eintreffen geöffnet hatte, und so blieb ich während meiner Aufenthalte meist am Fenster stehen.

Tante Hilde hatte mir zu meinem 19. Geburtstag ihren Wagen geschenkt und sich statt dessen einen neuen mit Automatikgetriebe gekauft, da ich ihren Wagen bis zu diesem Zeitpunkt ohnehin öfter benutzt hatte als sie selbst. Schon als ich den Führerschein hatte, prahlte Anni bei ihren Freunden und Kollegen damit, daß „ihre" Tochter den Führerschein und jetzt einen eigenen Wagen hatte. Ich traue ihr auch zu, daß sie das Ganze jedesmal so darstellte, daß der Eindruck entstand, sie wäre daran in irgendeiner Weise beteiligt gewesen. Sie wird nämlich kaum erzählt haben, daß dies allein ihrer Schwester zu verdanken war.
Oft verband ich den Besuch bei Anni damit, dort im Hof meinen Wagen zu waschen, und weil es zu zweit mehr Spaß machte, wusch Stademark ebenfalls seinen Wagen. Wenn wir dann wieder nach oben gingen, hatte Anni in der Zwischenzeit des öfteren etwas gekocht und bot mir an, ich könne doch etwas mit ihnen essen. Da es mir bei ihnen

aber nicht sauber genug war, vermied ich das tunlichst, und wenn sie *extra* für mich Cola gekauft hatte, trank ich aus der Dose, damit ich kein Glas benutzen mußte. Ich weiß noch, wie sie einmal einen Salat zubereiten wollte. Nach der ersten Zutat, ich glaube, es waren Gurken, die sie klein schnitt, ließ sie sich auf den Stuhl fallen mit den Worten: „Puh, ist das anstrengend, jetzt muß ich mich erst einmal kurz ausruhen!" Dann machte sie sich sofort eine Zigarette an, um nach einer ganzen Weile weiterzumachen. Auf Grund der Tatsache, daß sie dann in der Küche rauchte und sich danach auch nicht mehr die Finger wusch, hätte ich im Leben nichts von diesem Salat essen können.

Eine andere Szene ist mir auch noch so in Erinnerung, als sei sie gestern passiert. Anni hatte Tante Hilde und mich, meine Cousinen und noch einige Bekannte zum Geburtstag eingeladen. Nicht zum ersten Mal kamen ihre Bekannten einfach nicht und hatten noch nicht einmal soviel Anstand, vorher abzusagen. Anni stellte dann einige Knabbereien auf den Tisch, unter anderem Chips. Sie füllte diese dann folgendermaßen in eine Schale: Sie griff jedesmal mit einer Hand in die Chipstüte und legte diese dann in die Schale. In mir sträubte sich alles, und ich machte sie wütend darauf aufmerksam, daß sie doch keine Chips anbieten könne, die sie vorher alle in der Hand hatte; das wäre doch auch anders zu lösen gewesen. Es folgte betretenes Schweigen, und die Blikke, die ich auffing, zeigten mir, daß alle anderen der gleichen Meinung waren.

Ein anderes Mal ging ich dann gezwungenermaßen zu Anni essen, da Tante Hilde für einige Tage wegfuhr und Anni sich sofort bereit erklärt hatte, während dieser Zeit für mich zu kochen. Ich wünschte mir dann Apfelpfannkuchen, wovon ich glaubte, daß man dabei nicht viel falsch machen konnte. Tante Hilde macht immer viele kleine Kuchen, denn wenn nicht alle gegessen werden, hat man immer noch appetitliche, kleine, die man noch kalt essen kann. Anni hingegen machte für jeden einen Kuchen, der die komplette Pfanne einnahm. Ich fragte sie, warum sie nicht auch viele kleine machen würde. Ich wußte schon immer, daß sie faul war, aber diesmal übertraf sie sich selbst, denn sie antwortete: „Wenn ich zwei große mache, dann ist das weniger Arbeit!" Tatsächlich jedoch stand sie viel länger am Herd, denn die großen Kuchen konnte sie nicht wenden, daher brauchten sie viel mehr Zeit zum Garen, und letztendlich waren sie dann doch teilweise noch roh. Nach diesem Essen war ich dann bedient und sagte ihr, sie brauche nicht mehr für mich zu kochen, denn ich würde mich für die restlichen Tage selbst versorgen.

Später erzählte eine meiner Cousinen Tante Hilde, daß Anni einmal einen Salat vorbereitet hatte und diesen, da keine geeignete Schüssel zur Hand war, komplett in einer Kühlbox zubereitete. Darauf angesprochen, meinte sie lediglich, sie habe eben nichts anderes gehabt. Dem ist wohl nichts mehr hinzuzufügen.

Da ich bis zum Zeitpunkt meiner Lehre keinerlei Unterhalt von meinem Vater und meiner Mutter bekommen hatte, beschlossen wir, daß sich das nun ändern sollte. Ich besprach die Situation mit meiner ehemaligen Klassenlehrerin, und sie gab mir die Adresse eines befreundeten Anwalts, über den wir diese Angelegenheit regeln ließen. Wir wußten, daß mein Vater nur zahlen würde, wenn er durch einen Anwalt aufgefordert werden würde, ansonsten hätte er sich mit Sicherheit weiterhin bedeckt gehalten. Mir stand ein gewisser monatlicher Betrag zu, und abzüglich meines Lehrlingsgehalts mußten meine Eltern auf diesen Betrag aufstocken. Mein Vater wiederum nahm sich ebenfalls eine Anwältin - wir vermuteten, es war eine Kundin. Als erstes fiel mir das „Briefpapier" dieser Anwältin auf. Sie hatte noch nicht einmal einen eigenen Briefbogen, sondern schickte jedesmal einen Durchschlag auf Butterbrotpapier, auf dem sie am Kopf lediglich ihren Stempel hinterließ. Wir konnten uns denken, daß diese Anwältin den folgenden Briefwechsel für meinen Vater völlig unentgeltlich leistete und er ihr dafür die Fenster reinigte. Zunächst versuchte er, sich vor dem Unterhalt zu drücken, indem er das Geld anführte, welches ich mit meinem 18. Lebensjahr durch ihn bekommen hatte. Mein Anwalt machte ihm jedoch klar, daß er dadurch nicht von seiner Unterhaltspflicht entbunden sei. Wir einigten uns schließlich darauf, daß er monatlich 250,- DM an mich überweisen sollte. Wir legten dann auch Anni die Sache dar, und sie überwies mir monatlich 100,- DM. Mein Vater zahlte dann den Unterhalt zunächst immer am Ende eines jeden Monats, und wieder mußte ich meinen Anwalt bemühen, ihm brieflich mitzuteilen, daß dies jeweils am Anfang eines jeden Monats zu geschehen hatte. Lange bevor später meine dreijährige Lehre zu Ende ging, fragte seine Anwältin nach, wann denn mit dem Ende der Ausbildung zu rechnen sei, damit ihr Mandant keinen Unterhalt mehr zu leisten habe. Mein Anwalt teilte ihr daraufhin den genauen Termin mit, und ich bat ihn, noch anzufügen, daß ich auf keinen Fall über diesen Zeitpunkt hinaus weiteren Unterhalt gewollt beziehungsweise mich selbstverständlich selbst rechtzeitig gemeldet hätte. Den Brief dieser Anwältin konnte man einerseits so auslegen, als würde man mir die Abschlußprüfung nicht zutrauen oder aber ich wolle bewußt meine Lehre hinauszögern, um noch möglichst lange Unterhalt zu bekommen. Dazu kann ich nur sagen, daß mir nichts ferner lag!

Während meines ersten Lehrjahres mußte ich mich einer Operation unterziehen, bei der mir die Nasenscheidewand gerichtet wurde. Da ich

schon seit Jahren sehr mit Heuschnupfen zu kämpfen hatte, der immer schlimmer wurde, und ich ohnehin nur wenig Luft durch die Nase bekommen konnte, entschloß ich mich zu dieser Operation. Es war mir schon unangenehm, mich so schnell krank melden zu müssen, denn ich hatte Angst, man würde glauben, ich wollte mich auf diese Weise vor der Arbeit drücken. Ich erklärte meinem Chef und seiner Frau natürlich den Grund, und sie waren sehr verständnisvoll. Sie schenkten mir sogar ein kleines Buch über Schriften und auf einer beigefügten Karte wünschten sie mir „allzeit gute Durchluft".
Die Operation an sich war überhaupt nicht schlimm. Da ich danach dicke Tamponaden in beide Nasenöffnungen bekam, wollte ich auf keinen Fall, daß mich im Krankenhaus jemand besuchte. Klassenkameraden aus meiner Berufsschule versuchten über Tante Hilde zumindest das Krankenhaus in Erfahrung zu bringen, aber sie hielt „dicht"! Tante Hilde kam mich natürlich jeden Tag besuchen, und auch Yasemin und ihre Mutter Seda kamen einige Male. Seda hatte mir extra gefüllte Paprika mitgebracht, weil sie wußte, daß ich diese für mein Leben gern esse. Da ich nach der Operation überhaupt keinen Geschmackssinn hatte und noch dazu nicht alles esse, habe ich mich darüber riesig gefreut. Wir rätseln noch heute darüber, warum ich so ein großer „Pingel" im Essen geworden bin, denn früher aß ich einfach alles. Heute hingegen werde ich immer gefragt: „Sag uns lieber, *was* du ißt." Hinzu kommt auch noch, daß ich viele Lebensmittel, die angebrochen sind oder die sich schon verdächtig dem Mindesthaltbarkeitsdatum nähern, einfach wegschmeiße. Für mich ist das alles alt, obwohl ich oft weiß, daß die Sachen noch gut sind, aber ich kann sie dann einfach nicht mehr essen. Ich denke, das rührt noch daher, weil ich vor Jahren die Cola mit dem ganzen Schimmel getrunken habe. Da ich so etwas nie wieder erleben will, umgehe ich eine solche Situation sehr großzügig.
An einem Tag kam auch Anni ins Krankenhaus. Sie sprach wie immer sehr laut, machte ihre Witze, und schließlich bekamen wir sogar Streit. Ich versuchte immer wieder vergeblich, sie dazu zu bringen, leiser zu sprechen, denn auf meinem Zimmer lag ein Mädchen, daß an diesem Tage eine schwere Operation hinter sich hatte. Als Anni dann endlich ging, war ich unbeschreiblich erleichtert.
Kurz darauf durfte ich dann auch wieder nach Hause. Zurück in der Firma, meinten dann alle, man würde von einer Operation überhaupt nichts sehen. Ich erklärte dann jedem, daß die Operation auch nicht von außen vorgenommen worden ist und nicht mit einer Schönheitsoperation zu verwechseln sei.

Die Lehre hat mir so großen Spaß gemacht, daß ich morgens meist zuerst dort war und abends als letzte ging. Da das natürlich auch meinem

Chef nicht verborgen blieb, machte er, je näher meine Abschlußprüfung rückte, versteckte Andeutungen. Er meinte zum Beispiel des öfteren, er hätte noch viel mit mir vor. Meine Abschlußprüfung bestand ich mit Erfolg, und nicht zuletzt verdanke ich das Tante Hilde. Ich verwandelte unsere Küche quasi in ein Arbeitszimmer. Da ich bei ihr kein eigenes Zimmer hatte, lagen meine Bücher über unsere Eckbank verteilt, und auf dem Tisch breitete ich dann meine Schreibutensilien aus. Sie hat mich immer in Ruhe lernen lassen, und ich mußte mich nie an der Hausarbeit beteiligen, so daß ich mich sehr intensiv vorbereiten konnte.

Als ich in meinem Betrieb stolz mein Prüfungsergebnis vorlegte, sollte ich kurze Zeit später erfahren, was mein Chef *Großartiges* mit mir vorhatte. Er wollte, daß ich morgens zu Beginn das Büro aufschloß, in dem ich bis zu seinem Eintreffen bleiben sollte. Etwas später brachte mir sein Stellvertreter, Herr Müller, bei, Rechnungen und Aufträge zu schreiben und vorzubereiten sowie Kundengespräche zu führen. Herr Müller verlangte sogar von mir, Kaffee zu kochen, obwohl ich selbst überhaupt keinen trank. Ich versuchte ihm weiszumachen, daß ich mit einer Kaffeemaschine nicht umzugehen wüßte. Daraufhin zeigte er es mir. Als ich am nächsten Tag dann den Kaffee kochen sollte, *verzählte* ich mich *leider* bei der Anzahl der Kaffeelöffel. Bei seinem ersten Schluck ist ihm schlecht geworden, und er beschwerte sich bitterlich, daß in seiner Tasse der Löffel schon alleine stehen könne, so stark sei er. Ich entschuldigte mich, brauchte von da an aber nie wieder Kaffee zu machen!

Man erklärte mir immer wieder, daß ich jederzeit sagen könne, wenn ich diese Aufgaben nicht mehr machen wolle. Ich bat des öfteren, mich doch wieder in die Setzerei zu lassen, da ich die Bürotätigkeit nicht mehr machen wollte, schließlich hätte ich sonst Bürokauffrau werden können. Tatsächlich war ich in diesen Wochen völlig fertig, und zum ersten Mal ging ich mit Angst und Widerwillen zur Arbeit, was ich bis zu diesem Zeitpunkt überhaupt nicht kannte. Es war großer Streß für mich, mit fremden Leuten sprechen zu müssen, denn ich habe davor bis heute fast so etwas wie Angst. Eventuell denke ich immer daran, daß jeder einzelne von ihnen vielleicht genauso eine Müllkippe zu Hause hat, wie ich sie von Anni kannte. Da ich dieses Bild vor Augen habe, tue ich mich oft sehr schwer, fremden Menschen die Hand zu reichen, weil ich mich danach oft dreckig fühle.

Sinn und Zweck meiner neuen Büroaufgaben war, daß ich jederzeit die sogenannte rechte Hand meines Chefs vertreten konnte. Als dieser dann in Urlaub ging, machte ich alle anfallenden Büroarbeiten sowie die Auftragsvorbereitung, und mein Chef war äußerst überrascht, daß alles so reibungslos weiterlief. Er sagte mir dann auch, daß ihm aufgefallen sei, daß Herr Müller sich an der Arbeit „festhalte" und er jetzt bei mir gesehen habe, daß alles viel schneller erledigt werden könne. Als Herr Müller wieder aus dem Urlaub zurück war, hofften wir alle, daß sich jetzt endlich in der ganzen Struktur des Betriebes etwas ändern würde, aber es blieb alles beim alten.

Nachdem ich mehrere Wochen im Büro verbracht hatte und sich immer noch keine Änderung abzeichnete, bat ich meinen Chef erneut, mich wieder in meinen erlernten Beruf zurückzulassen. Ich erklärte ihm, wie unglücklich ich sei und daß mir diese Arbeit keinen Spaß mache. Wenn ich ihn bis dahin als sehr netten und ruhigen Mann kennengelernt hatte, so zeigte er mir jetzt sein wahres Gesicht. Er begann fürchterlich zu brüllen und erklärte mir, daß es für ihn völlig indiskutabel sei, mich wieder in die Setzerei zu lassen. Er habe einen kleinen Betrieb und könne von seinen Mitarbeitern eine gewisse Flexibilität verlangen, und somit würde ich vorerst im Büro bleiben. Ich hatte ihn niemals zuvor so wütend erlebt und sah, daß es keine Möglichkeit gab, ihn umzustimmen.

Also zog ich die Konsequenz, denn so hätte ich unmöglich weiterarbeiten können. Ich begann sofort, Bewerbungen zu schreiben, und aufgrund meiner guten Zeugnisse und meines hervorragenden Gesellenbriefes fand ich gleich drei Betriebe, die mich sofort einstellen wollten. Ich entschied mich dann für eine kleine Druckerei, die ebenfalls ganz in meiner Nähe lag. Da ich eine Kündigungszeit von nur vier Wochen zum Monatsende hatte, kündigte ich fristgerecht und gab das Schreiben Herrn Müller. Ich forderte ihn auf, dieses an unseren Chef weiterzuleiten. Er wußte, was es bedeutete, und fragte nur, ob dies mein Ernst sei. Ich entgegnete ihm, daß es mir sehr leid tue, aber man habe mir keine andere Wahl gelassen. Mein Chef vermied es, mir in der folgenden Zeit zu begegnen, und er verkündete, daß er wieder einmal von einem Azubi hintergangen worden sei. Er habe nämlich bis jetzt immer eine Menge Geld in etliche Lehrlinge gesteckt, und diese seien dann sofort nach der Prüfung in andere Betriebe gewechselt. Jetzt fühlte er sich bestätigt, vorerst niemanden mehr auszubilden, denn so etwas wollte er nicht noch einmal mit sich machen lassen. Er drehte es wirklich so, als habe ich ihn hintergangen und sah nicht, daß es besonders mir sehr weh tat, diese Firma zu verlassen, denn dort hätte ich wirklich, wie man so schön sagt, alt werden können. Aber er hatte alles kaputtgemacht. Meine Kollegen bestärkten mich in meiner Entscheidung, obwohl es ihnen leid tat, daß ich bald gehen würde. Einige hätten mir einen solchen Schritt nicht zugetraut und vielmehr geglaubt, daß meine andere Kollegin, die im Jahr zuvor die Prüfung bestanden hatte, zuerst gehen würde. Außerdem meinten sie, wäre es nie gut, im Lehrbetrieb zu bleiben, denn dort sei man auf Lebenszeit der Azubi und könne sich nur schwer aus dieser Rolle lösen.

Dies war ein wichtiger Einschnitt in meinem Leben und half mir, wieder ein Stück erwachsener und selbständiger zu werden. Es war eine unumgängliche Veränderung, und ich sah sie weniger als traurigen Abschnitt, sondern vielmehr so, daß ich daraus eine Menge gelernt habe. Es sollte ganz einfach alles so kommen!
Da ich zum Jahresende kündigte, bekam ich natürlich kein Weihnachtsgeld, und ganz plötzlich bekamen alle Angestellten noch zusätzlich einen kleinen Bonus für besondere Leistungen - außer mir natürlich. Ich weiß, daß mir der Bonus ebenfalls zugestanden hätte, doch ich hätte niemals darum gekämpft, und ich wußte, mein ehemaliger Chef hatte dies nur getan, um mich zu strafen.
Ironie des Schicksals ist auch hier, daß wieder jemand versucht hatte, mich mit Geldentzug strafen zu wollen.

7

Im Januar des folgenden Jahres begann ich dann meine Arbeit in der neuen Firma. Da ich dort wieder an einem völlig neuen Satzsystem arbeiten würde, mußte ich zunächst umgeschult werden. Bisher hatten dort im Fotosatz zwei Schriftsetzer gearbeitet, und da einer von ihnen gekündigt hatte, stellte mein zukünftiger Chef kurz vor mir noch eine junge Frau ein. Meine Bewerbung für diese Druckerei hatte ich völlig „ins Blaue" geschrieben, sie gefiel ihm jedoch so gut, daß er mich ebenfalls einstellte, damit wir im Schichtdienst arbeiten konnten. Der andere Schriftsetzer, Herr Wagner, war von Anfang an sehr nett, und ich weiß noch, daß er mir sofort die Frage stellte: „Rauchen Sie?" Als ich verneinte, fiel ihm ein riesiger Stein vom Herzen, denn auch die andere Frau und seine bisherigen Kollegen verschonten ihn mit dem blauen Dunst. Zunächst glaubte ich wirklich, eine gute Anstellung gefunden zu haben. Alle waren sehr nett, und außerdem war meine zukünftige Abteilungsleiterin die Tochter des Chefs - das alleine mußte davon zeugen, daß dort ein gutes Betriebsklima herrschte.
Schon kurze Zeit später überlegten wir drei Setzer, warum unser Chef überhaupt noch eine dritte Kraft eingestellt hatte, denn es war offensichtlich, daß es überhaupt nicht genug Arbeit für alle gab. Ich war noch nie der Typ, der einfach nur rumsitzen konnte, also bot ich mich an, wenn bei uns im Satz wieder nichts zu tun war, in der Montage oder in der Buchbinderei auszuhelfen. Die Arbeit machte mir viel Spaß, obwohl ich schon bald die Spannungen mitbekam, die besonders zwischen unserem Chef und Herrn Wagner herrschten, denn offensichtlich wollte man meinen Kollegen loswerden, da er mittlerweile zu alt war! In der Montage lernte ich dann Olaf kennen, der dort im dritten Lehrjahr eine Ausbildung zum Druckformhersteller machte. Sein Vater war die sogenannte rechte Hand des Chefs. Er arbeitete im Außendienst und sorgte somit dafür, daß die Firma neue Aufträge erhielt. Nur fünf Monate nachdem ich dort angefangen hatte, mußte Tante Hilde zur Krebsvorsorge, unter anderem wurde eine Mammographie gemacht. Noch am gleichen Tage teilte man Tante Hilde mit, sie müsse am folgenden Tag erneut zur Mammographie kommen. Wir dachten zunächst, möglicherweise war nur eine Aufnahme nicht gut gemacht worden und man wolle diese wiederholen. Doch am nächsten Tag hatte man dann den Befund: eine Kalkablagerung in der rechten Brust. Normalerweise ist dies nicht gefährlich, doch im Laufe der Jahre könnte aus einer solchen Ablagerung etwas Bösartiges werden, und somit mußte es operativ entfernt werden. Schon eine Woche später folgte dann die Einweisung ins Krankenhaus.

Die behandelnde Ärztin sagte meiner Tante dann auch, daß ein solcher Eingriff einen Krankenhausaufenthalt zwischen 3 bis 14 Tagen mit sich bringt. Da wir wußten und bis zum endgültigen Befund hofften, daß es wirklich nur eine gutartige Kalkablagerung war, machten wir uns natürlich die Hoffnung, daß sie dann wieder schnell zu Hause sein könnte. Noch am Tag der Einweisung, es war der 19. Mai, schickte man Tante Hilde zur AOK, wo man mit örtlicher Betäubung einen Draht in die Brust einzog, damit am folgenden Tag genau gesehen werden konnte, wo operiert werden sollte. Ich hatte mehrmals versucht, sie im Krankenhaus zu erreichen, und erst am Abend, als sie mich anrief, war auch ihr aufgefallen, daß sie mir eine falsche Telefonnummer gegeben hatte. Außerdem hatte sie den ganzen Tag dort in der AOK verbringen müssen, bis dann endlich am späten Abend die Einzeichnung durchgeführt wurde. Im Krankenhaus suchte man sie bereits, und man glaubte, Tante Hilde habe sich nach Hause abgesetzt. Als sie mir von diesem Eingriff erzählte, war ich völlig außer mir, aber ich konnte mir unmöglich etwas anmerken lassen, denn ich wollte sie doch aufbauen und ihr die Angst nehmen und ihr nicht noch zusätzliche Sorgen bereiten.
Am folgenden Tag war ich dann um 8.45 Uhr bei ihr, und man hatte ihr bereits eine Tablette gegeben, die zur Vorbereitung auf die Operation diente. Gegen 9.45 Uhr wurde sie dann in den OP gebracht. Während der ganzen Zeit wartete ich auf dem Flur neben dem Schwesternzimmer, damit ich - sollte etwas passieren - alles mitbekommen würde. Um 11.30 Uhr wurde sie dann wieder auf ihr Zimmer gebracht. Tante Hilde war bereits wieder bei Bewußtsein und sagte mir immer wieder, daß sie große Schmerzen in der Brust habe. Ich versuchte ihr zu erklären, daß das sicher normal sei, und ein großer Trost für uns war, daß man eine brusterhaltende Operation durchführen konnte. Die Stationsschwester fand das Verhältnis zwischen Tante Hilde und mir ganz toll und meinte sogar, wir würden uns ähnlich sehen.
Nach meinem Dienst fuhr ich dann um 21.15 Uhr erneut ins Krankenhaus, weil ich irgendwie keine Ruhe hatte. Tante Hilde war zwar wach und versuchte mit mir zu sprechen, aber ich merkte, es fiel ihr schwer. Ich weiß noch, daß es mir sehr merkwürdig vorkam, daß die Narkose vom Morgen noch eine solche Wirkung haben sollte, aber Tante Hilde sagte mir lediglich, daß der Professor nur davon gesprochen hatte, daß die Kalkablagerung entfernt worden war. Am nächsten Morgen empfing sie mich mit den Worten: „Jetzt kann ich es dir ja sagen!" Sie gestand mir, daß sie gestern gegen 16.00 Uhr noch ein zweites Mal operiert worden war. Da eine starke innere Blutung eingetreten war und die Brust völlig anschwoll, war eine weitere Operation unumgänglich gewesen. Sie wollte es mir am Vorabend nur nicht sagen, damit ich mir keine Sorgen machte und gut schlafen konnte! Natürlich hätte ich mir

große Sorgen gemacht, aber geschlafen habe ich ohnehin nicht viel, denn solange diese Sache nicht abgeschlossen war, fand ich keine Ruhe. Während dieser Tage war mir schon allein die Arbeit in der Firma zuviel, denn ich konnte mich nicht darauf konzentrieren. Ich erinnere mich noch, daß wir endlich wieder einen größeren Auftrag bekommen hatten und zumindest für mich am Abend genug Arbeit vorhanden war. Da ich jedoch mit meinen Gedanken völlig bei meiner Tante war, übersah ich eine größere Textpassage, und am nächsten Tag wurde ich natürlich darauf angesprochen. Die beiden anderen Setzer verstanden meine Situation, aber die Tochter des Chefs hatte den beiden gegenüber durchblicken lassen, daß ich wohl zur Zeit überlastet wäre, mir so etwas aber nicht passieren dürfte. Ich sollte mir ihr gegenüber nichts anmerken lassen, aber ich fand es traurig, daß sie in keiner Weise mitfühlen konnte, was ich zu dieser Zeit durchmachte. Bereits am nächsten Tag bekamen wir die gute Nachricht: Es war tatsächlich eine Kalkablagerung! Wir waren natürlich unendlich erleichtert, obwohl sie zweimal operiert werden mußte, aber jetzt hatten wir zumindest diese Gewißheit, daß alles gut werden würde. In meiner Firma nahmen alle Anteil, und wirklich jeder fragte täglich nach Tante Hilde, und schon diese Tatsache half mir sehr, besser mit meiner Situation umzugehen.
Tante Hilde sollte dann schon am 24. Mai, einem Sonntag, entlassen werden. Ich weigerte mich jedoch, denn wenn an diesem Tag eine Komplikation auftreten würde, waren wir völlig alleine, und darum bestand ich darauf, sie erst am Montag morgen zu holen. Sie verstand meine Sorge und stimmte zu. Diese wenigen Tage verbrachte sie mit einer Zimmernachbarin, die an unheilbarem Krebs litt und der - man höre und staune - von der Stationsschwester, einer Nonne, erlaubt worden war, auf dem Zimmer zu rauchen. Damit das Zimmer nicht allzusehr nach Qualm stank, betrieb sie ständig einen kleinen Ventilator. Im nachhinein vermuten wir, daß es gut möglich war, daß dadurch die dreckige Luft ständig herumgeschleudert wurde und sich so vielleicht die Brust meiner Tante immer wieder infiziert hatte.
Am 25. Mai holte ich sie dann endlich ab. Sie hatte zwar noch sehr starke Schmerzen, aber wir beruhigten uns, daß dies nur mit dem Eingriff zusammenhängen konnte. Die behandelnde Ärztin, die sich an diesem Tag noch einmal die Wunde ansah, fragte meine Tante zwar, ob die Brust immer so rot gewesen sei, aber diese Frage konnte meine Tante unmöglich beantworten. Tante Hilde wollte einfach nur noch nach Hause.
Die ganze folgende Woche hatte sie dann unbeschreiblich schlimme Schmerzen, keinen Appetit, und selbst das Staubtuch konnte sie nicht halten. Samstag, den 30. Mai, hatte ich sie dann fast soweit, daß wir zurück in die Klinik fuhren, aber sie wollte doch noch bis zum folgenden Montag warten, denn dann hatte sie ohnehin einen Termin bei ih-

rem Gynäkologen. Als wir sonntags vom Friedhof kamen und sie von diesem Gang völlig geschafft im Stuhl saß, sah ich einen Blutfleck auf ihrer Bluse. Wir schauten sofort nach, und zu meinem Entsetzen sah ich, daß die Brust genau an der Operationsnaht aufgeplatzt war. Tante Hilde blieb merkwürdig ruhig und meinte zunächst, das sei bestimmt nicht schlimm. Ich fuhr sie dann sofort ins Krankenhaus, und schon eine Stunde später lag sie erneut unter dem Messer. Es hatte sich nämlich ein Abszeß gebildet, und wäre die Brust nicht aufgegangen, das war unser großes Glück, so hätte sie an einer Blutvergiftung sterben können. Ich hatte eine unbeschreibliche Wut, denn so weit hätte es nicht kommen müssen. Noch während ich erneut im Flur auf das Ende der Operation wartete, stand für mich fest, daß ich am folgenden Tag ein sehr ernstes Gespräch mit dem Professor führen würde.
Bereits um 8.15 Uhr stand ich beim Professor im Büro. Ich sagte seiner Sekretärin sehr bestimmt, daß ich ihn sofort sprechen wolle. Sie fragte mich, ob ich einen Termin habe, und ich verneinte, bestand aber darauf, ihn trotzdem zu sprechen. Kurz darauf kam er zu mir ins Wartezimmer! Ich empfand es als eine große Frechheit, mich nicht in sein Sprechzimmer zu bitten, denn sein Erscheinen im Wartezimmer gab mir zu verstehen, daß er mich nicht ernst nahm. Auf der anderen Seite war es mir in diesem Moment völlig egal, wo dieses Gespräch stattfand, und wenn er vor den anderen Leuten im Wartezimmer blamiert werden wollte, so konnte er dies haben. Ich sagte ihm auf den Kopf zu, daß er aufgrund der positiven Diagnose bei meiner Tante - alle anderen Frauen, die in dieser Woche operiert worden waren, hatten bösartige Tumore! - die anschließende Nachsorge versäumt hatte. Er war täglich an ihrem Bett vorbeigegangen - ich hatte es selbst oft genug miterlebt - mit den Worten: „Ihre Brust sehe ich mir morgen an, denn da ist sowieso alles in Ordnung!" Außerdem habe die Ärztin am Entlassungstag meine Tante auf die gerötete Brust angesprochen, dies war doch ein eindeutiges Zeichen dafür, daß bereits eine Entzündung vorlag. Er warf ein, daß man diese dann jedoch nicht mehr hätte aufhalten können. Ich entgegnete ihm, daß man meiner Tante aber dann die höllischen Schmerzen hätte ersparen können, die sie die gesamte Woche über hatte. Er nickte nur. Weiterhin sagte ich ihm, daß meine Tante auf keinen Fall zurück auf die Station der Nonne wollte, denn das würde den Heilungsprozeß in keiner Weise beschleunigen, da sie sich dort nur unnötig aufregen würde. Er akzeptierte meinen Wunsch, nahm jedoch die Nonne in Schutz. Während des gesamten Gespräches war er ungewöhnlich still und hörte sich alle Vorwürfe an, und ich konnte ihm ansehen, daß er mir recht gab. Gleichzeitig merkte ich, daß dieses Gespräch für ihn eine ungewöhnliche Wendung genommen hatte, denn wenn er mich bis dahin als schüchternes junges Mädchen angesehen hatte, so erkannte

er mich jetzt nicht wieder. Als ich aus dem Wartezimmer ging, war ich sehr erleichtert, ihm endlich meine Meinung gesagt zu haben, und wieder ein ganzes Stück erwachsener geworden.
Als ich Tante Hilde von dieser Unterredung erzählte, war sie sehr stolz, und noch am gleichen Tag fragte sie der Professor, wie alt ich denn sei. Er hatte wohl geglaubt, sich von einer vielleicht 17jährigen die Meinung sagen lassen zu müssen, denn er war sehr erstaunt, als er hörte, daß ich bereits 23 Jahre war. Sie erzählte ihm dann, daß ich bei ihr großgeworden sei und wir ein Mutter-Tochter-Verhältnis hätten. Er stellte dann bewundernd fest, daß ich aber sehr selbstbewußt sei, und meine Tante sagte, daß dies auch genau die Absicht ihrer Erziehung gewesen sei. Sie beschwerte sich dann auch noch einmal über die Nonne, und er betonte immer wieder, daß ihm alles sehr leid tue. Er fragte sie dann auch noch, ob sie nicht einen Fernseher haben wolle, aber sie war froh, wenn sie ihre Ruhe hatte.
Seit dem 2. Juni bekam sie dann täglich Spülungen in der Brust. Dazu hatte man oben und unten an der Brust jeweils ein ziemlich großes Loch offengelassen, durch die dann große, mit Wasserstoff gefüllte Spritzen eingeführt wurden und deren Inhalt komplett hineingespritzt wurde. Sinn und Zweck dieser äußerst schmerzhaften Prozeduren - die ohne Betäubung durchgeführt wurden - sollte es sein, den Heilungsprozeß der noch immer entzündeten Brust von innen her zu fördern. Tante Hilde war danach immer ziemlich fertig, und es tat mir unendlich leid, ihr in keiner Weise helfen zu können. Damit sie wenigstens etwas Abwechslung zu dem Krankenhausessen hatte, brachte ich ihr Obst, geschlagenen Quark mit Ananas, Plätzchen und Kuchen mit. Ich war jedesmal froh, wenn sie dann wirklich einmal etwas mit Appetit aß. Am 5. Juni meinte der Professor dann tatsächlich, sie könne eventuell Pfingsten nach Hause. Ich gab jedoch wieder zu bedenken, daß ich sie nur holen würde, wenn absolut alles überstanden war. Doch schon sechs Tage später entschied er sich dann erneut, die Brust ein weiteres Mal zu öffnen, da diese sich wieder entzündet hatte! Nach dieser letzten Operation bekam sie dann endlich auch Antibiotika, und danach ging es dann bergauf! Am 15. Juli konnte ich sie dann endlich nach Hause holen, und ich kann nicht beschreiben, welch große Last damit von mir genommen wurde. Wir mußten dann aber noch bis zum 17. August jeden Tag zum Spülen ins Krankenhaus, denn es war immer noch nicht ganz überstanden. An einem dieser Tage nahm ich mir dann auch noch die Ärztin vor, die damals meine Tante am Entlassungstag grob fahrlässig behandelte, indem sie die Entzündung nicht erkannt hatte. Sie versuchte sich rauszuwinden, aber ich sagte ihr auf den Kopf zu, daß es ihre Schuld war, daß meine Tante wieder als Notfall ins Krankenhaus gekommen war. Tante Hilde und ich sind uns sicher, daß diese Ärztin auch eine

Rüge vom Professor erhalten hatte, denn eine Schwester hatte etwas in dieser Richtung erwähnt.
Diese schlimme Zeit hat Tante Hilde und mich nur noch stärker zusammengeschweißt, denn wir mußten uns auf uns selbst verlassen. Während dieser ganzen zwei Monate, in denen meine Tante wieder als Notfall eingeliefert wurde, ist Anni ihre Schwester nicht ein einziges Mal besuchen gekommen. Sie hatte, als sie von der wiederholten Einlieferung hörte, Tante Hilde lediglich angerufen und ihr gesagt, sie würde sie besuchen kommen, wenn sie wieder zu Hause sei! Sie hat sich dann auch tatsächlich nicht weiter nach ihr erkundigt, und für mich ist das noch heute unvorstellbar, denn Tante Hilde hätte aufgrund dieser eigentlich harmlosen Operation nicht nur ihre Brust, sondern auch ihr Leben verlieren können, denn sie hatte, wie zuvor beschrieben, fast eine Blutvergiftung. Wir haben beide nie daran gezweifelt, daß alles wieder gut werden würde, gleichzeitig bestand aber die Möglichkeit, daß sie nie wieder dieses Krankenhaus verlassen würde, und genau aus diesem Grund ist mir das Verhalten von Anni unerklärlich. Sie verstand es schon immer, unangenehmen Dingen aus dem Weg zu gehen, aber diesmal hatte sie sich wieder einmal selbst übertroffen.
Meine Freundinnen hingegen erkundigten sich laufend nach dem Zustand meiner Tante und besuchten sie auch mit mir. Sie haben mir in dieser Zeit sehr geholfen, genau wie meine Arbeitskollegen, die mir oft einen Wechsel der Schicht ermöglichten, damit ich bei meiner Tante sein konnte.

Während dieser Zeit traf ich mich dann auch hin und wieder mit Olaf. Wenn wir mal spazierengingen, hatte ich keine Ruhe, bis ich wieder zu Hause war, um mich nach Tante Hilde zu erkundigen. In mir war immer diese Angst, es könnte möglicherweise genau dann etwas passieren, wenn ich nicht zu erreichen war, und das wollte ich unter allen Umständen vermeiden. Ich war in dieser Zeit täglich, zum Teil mehrmals, wenn ich nicht gerade arbeiten mußte, bei ihr im Krankenhaus, so daß sie mich oft drängte, mir doch auch mal einen Tag für mich Zeit zu nehmen. Aber das war für mich unmöglich, denn ich wußte, wie öde die Tage im Krankenhaus für sie waren, und sie sollte nicht glauben, ich würde sie im Stich lassen. Ich nahm Olaf dann auch einmal mit zu ihr in die Klinik, und ich merkte schon damals, daß sie nicht gerade begeistert von ihm war, aber sie sagte nichts.
Erst nachdem es Tante Hilde wieder richtig gut ging, intensivierte sich die Freundschaft zu Olaf. Da wir ja in der gleichen Firma arbeiteten und noch dazu sein Vater ebenfalls dort beschäftigt war, beschlossen wir, diese Verbindung völlig geheimzuhalten. Ich wußte, wenn es erst bekannt war und einem von uns ein Fehler unterlaufen wäre, so hätte

die Tochter des Chefs daraus geschlossen, daß wir unaufmerksam seien und uns nicht mehr auf die Arbeit konzentrieren würden. Das wollten wir nicht heraufbeschwören.
Als Anni hörte, daß ich einen Freund hatte, wollte sie ihn unter allen Umständen kennenlernen. Mittlerweile hatte sie sich von Stademark getrennt und interessierte sich plötzlich wieder für „ihre Tochter". Sie wollte dann auch zum wiederholten Male ein aktuelles Photo von mir haben, das sie in ihrer Geldbörse trug, um es irgendwelchen Leuten zeigen zu können. Bisher hatte sie ein Photo, welches eine circa 12jährige zeigte, und dann wurde sie natürlich jedesmal vorwurfsvoll gefragt, ob sie denn kein aktuelles Photo ihrer Tochter habe.

Wenn ich Anni in dieser Zeit besuchte, hatte ich immer öfter das Gefühl, sie würde im Wettbewerb mit mir stehen. Im Sommer trug ich zum Beispiel kurze Hosen und Tops oder ähnliches, und Anni stellte sich dann immer neben mich, um unsere Bräunung zu vergleichen, und betonte, daß sie ebenfalls noch feste Beine hätte und sie diese ohne weiteres noch zeigen könne. Oft fragte sie mich, wo ich dieses oder jenes gekauft und vor allem wieviel es gekostet hatte. Sah sie nicht, wie lächerlich es war, sich mit einer 23jährigen messen zu wollen? Eine weitere für mich äußerst abstoßende Sache, war die Tatsache, daß sie bei hochsommerlichen Temperaturen lediglich in Strapsen und Stütz-BHs herumlief, obwohl sie wußte, daß ich kommen würde. Es widerte mich an, wenn sie mir in dieser Aufmachung gegenübersaß, als wäre es die natürlichste Sache der Welt. Selbst wenn es noch so heiß war, mußte sie sich mir doch nicht so darstellen, das war einfach geschmacklos. Sie glaubte wohl, mir zeigen zu müssen, wie toll ihr Körper noch war, aber das Gegenteil war der Fall. Es war absolut nicht schön zu sehen, wie die mittlerweile erschlafften Brüste über den Rand des Stütz-BHs hinweghingen. Die Krönung war dann jedoch noch, wenn sie gerade gegessen hatte, alle viere von sich gestreckt auf der Couch lag und mir ihren dicken Bauch entgegenstreckte mit den Worten: „Durch meine Magenverkrümmung habe ich nach dem Essen immer so eine Wampe, aber wenn alles verdaut ist, bildet sich das wieder zurück." Zum Abschluß dieses Schauspiels fragte sie mich dann immer wieder, wann ich denn endlich Olaf mitbringen würde, und betonte, daß sie dann selbstverständlich nicht so herumlaufen würde. Bis sie Olaf kennenlernte, mußte sie jedoch lange warten, denn da ich ihm, als wir schon längere Zeit zusammen waren, von meiner Kindheit und dem Verhältnis zu Anni erzählte, hatte er verständlicherweise keinerlei Ambitionen, diese Frau kennenzulernen.

Da Tante Hilde all die Monate nach ihrer schweren Krankheit überhaupt nicht mehr Auto gefahren war, verlor sie völlig die Lust am Fahren und war unsicher, sich überhaupt noch einmal hinters Steuer zu wagen. Während ihres Klinikaufenthaltes war ich des öfteren mit ihrem Wagen gefahren, damit dieser auch mal bewegt wurde. Jetzt überlegte sie ernsthaft, ihren Wagen zu verkaufen, denn bisher hatte sie ihn hauptsächlich nur gebraucht, um zum Friedhof zu fahren, und dafür rentierte sich der Wagen einfach nicht. Zu diesem Zeitpunkt gab der Wagen, den Tante Hilde mir geschenkt hatte, langsam, aber sicher den Geist auf. Es wäre natürlich einfacher gewesen, wenn ich ihren Wagen übernommen hätte, aber ich wollte kein Automatikgetriebe, das war mir einfach zu langweilig. Dann ging alles recht schnell. Ein Bekannter, der in einem nahegelegenen Autohaus arbeitete, hatte gerade einen gebrauchten Wagen hereinbekommen, den wir - bevor er zum Verkauf stand - zuerst ansehen sollten. Er gefiel uns sehr gut, und so hatte ich innerhalb von zwei Tagen ein neues Auto.
Natürlich war ich sehr stolz und schon gespannt, was Olaf dazu sagen würde. Bereits damals bemerkte ich, daß er eifersüchtig war, aber ich schenkte dem nicht soviel Bedeutung. Er kommentierte den Wagen zähneknirschend mit „schön", und gleichzeitig fragte er, ob das denn überhaupt nötig gewesen wäre, denn ich würde doch ganz in der Nähe wohnen und eigentlich überhaupt kein Auto brauchen. Ich überging seine Einwände, und er brachte dann doch noch hervor, daß er sich für mich freuen würde. Ein wichtiger Grund, weshalb vor allem Tante Hilde darauf bestand, daß ich auch weiterhin ein eigenes Auto hatte, war, daß ich die Unabhängigkeit und Selbständigkeit, die ich mit Erhalt des Führerscheins erlangt hatte, unter allen Umständen wahren sollte. Sie unterstützte mich natürlich tatkräftig bei der Finanzierung, und eigentlich hätte auf die Heckscheibe des Wagens der Aufkleber gehört: „Sponsored by Aunt".

Nur eineinhalb Jahre nachdem ich meine neue Stelle begonnen hatte, zeichnete sich ab, daß einige Mitarbeiter entlassen werden mußten, da die Auftragslage alles andere als rosig war. Zunächst hatte man geglaubt, alles durch Kurzarbeit auffangen zu können, aber das war nur eine Schonfrist. Durch den Vater von Olaf wußte ich schon sehr früh, daß auch ich mich um eine neue Stelle bemühen mußte, da ich zuletzt gekommen war, und so kam die Kündigung für mich nicht ganz unerwartet. Ich schrieb über 50 Bewerbungen, zum Teil auf Anzeigen. Aber da ich bisher an Satzsystemen gearbeitet hatte, die schon lange veraltet waren, standen meine Chancen nicht sehr gut. Ein Betrieb wollte mich zunächst in der Montage unterbringen und dann mindestens nach einem Jahr wieder im Satz eingliedern. Eine andere Firma erwartete in absehbarer Zeit einen Großauftrag, für den sie unbedingt noch jemanden einstellen wollten - auch auf Dauer -, aber eben nicht sofort. Sogar auf dem Arbeitsamt machte mir die zuständige Sachbearbeiterin nicht viel Hoffnung, da mir die schon zu dieser Zeit notwendigen Macintosh-Kenntnisse fehlten und ich diese nur durch einen Kursus erlangen konnte. Ich weiß noch, wie sie sagte: „Warum sollte man sie einstellen, wo Hunderte auf der Straße stehen und diese Kenntnisse bereits haben, auch wenn es keine Schriftsetzer sind?" Ich bekam auf meine Bewerbungen entweder Absagen oder Schreiben mit den Floskeln „Wir werden bei Bedarf auf Sie zurückkommen". Zunächst erfuhren nur die engsten Freunde von meiner Situation, denn ich wollte auf keinen Fall, daß man dachte, ich hätte meine Stelle verloren, weil ich faul sei oder es aus sonstigem Eigenverschulden passiert war. Zunächst erzählten wir unter anderem auch Anni, ich hätte Urlaub, was sich jedoch nicht sehr lange aufrechterhalten ließ. Nachdem sie dann jedoch erfahren hatte, daß ich arbeitslos bin, meinte sie nur, warum ich es ihr nicht direkt gesagt hätte. Sie fragte jedoch mit keiner Silbe danach, wie es mir ging oder - was noch wichtiger war - wie ich finanziell klar kam. Da ich jedoch noch immer bei Tante Hilde wohnte, glaubte sie wohl, daß diese mich natürlich auch weiterhin versorgen würde. Gott sei Dank war ich nur zwei Monate arbeitslos, aber diese Zeit war für mich sehr schlimm. Ich versuchte mich weiterzubilden und nicht einfach in den Tag hineinzuleben, aber schon nach kurzer Zeit hatte ich im Gesicht Pickel „ohne Ende". Natürlich war das alles nur bedingt durch meinen seelischen Zustand, und ich hatte Angst, daß mich - so wie ich momentan aussah - unmöglich jemand einstellen würde.

Unter allen Bewerbungen sandte ich auch eine an ein großes Zeitungsunternehmen, von dem ich jedoch ebenfalls eine Absage erhielt. Jedoch nur circa zwei Wochen später suchte genau dieser Verlag einen Schriftsetzer. Natürlich bewarb ich mich erneut, und tatsächlich wurde ich zum Vorstellungsgespräch eingeladen. Da ich mittlerweile einige Vorstellungsgespräche geführt hatte und außerdem täglich auf der Schreibmaschine meine Anschläge pro Minute steigerte, ging ich ausgesprochen selbstsicher zu diesem Termin. An diesem Gespräch nahmen zwei Männer und eine Frau teil, welche in bezug auf meine Anzahl der Anschläge kommentierte: „Das sei aber nicht allzuviel." Daraufhin entgegnete ich ihr, daß meine Anschläge zwar höher seien, es aber auf die Stunden bezogen unmöglich war, ein solch hohes Niveau zu halten und ich aus diesem Grund bewußt lieber weniger Anschläge angegeben hatte. Mein großes Glück war die Tatsache, daß ich an diesem Tag den letzten Vorstellungstermin hatte und man mir aus diesem Grund anbot, sofort einen Schreibtest zu machen. Alle anderen Bewerber mußten für diesen Test ein zweites Mal kommen! Ich ging also mit dem

Abteilungsleiter in dessen Büro, durfte mich eine ganze Weile einschreiben und danach einen sehr leichten Text absetzen. Er meinte noch, wenn ich mit der zweiten Seite fertig sei, könne ich wieder von vorne beginnen, aber das wäre eher unwahrscheinlich. Ich setzte jedoch noch einen ganzen Teil der ersten Seite ab, so daß er völlig erstaunt fragte, ob ich denn die zweite Seite unberücksichtigt gelassen hätte. Als er sah, daß ich wirklich den kompletten Text bereits zum zweiten Mal begonnen hatte, meinte er anerkennend: „Sie sind wirklich schnell!" Danach lasen wir gemeinsam den Text Korrektur, und ich fand dummerweise noch mehr Fehler als er und sagte nur: „Ich hätte etwas langsamer schreiben und dafür weniger Fehler machen sollen." Er fand das jedoch überhaupt nicht der Rede wert, und abschließend sagte er noch: „Sie sind so selbstsicher, Sie werden auf jeden Fall eine neue Stelle finden!" Als ich den Verlag verließ, hatte ich merkwürdigerweise das sichere Gefühl, diese Stelle gehört dir! Tatsächlich bekam ich kurze Zeit später einen Personalbogen zugeschickt, den ich vorab ausfüllen und zurückschicken sollte, und man teilte mir meinen Arbeitsbeginn mit. Ich war unbeschreiblich erleichtert und wußte, daß sich die ganzen Strapazen der letzten Wochen gelohnt hatten.
An meinem ersten Arbeitstag wurde ich beim Pförtner vom Stellvertreter des Abteilungsleiters, Herrn Enger, abgeholt und folgte ihm durch den für mich verwirrend scheinenden Bau bis zu einer Türe auf der „AZH - Anzeigenherstellung" stand. Ich war überrascht, denn man hatte mich eigentlich für die zentrale Textverarbeitung eingestellt. Natürlich glaubte ich, da ich jetzt wieder im Büro des Abteilungsleiters saß, daß man mich dort nur für eine kurze Besprechung hineinholte, um mich dann zu meinem zukünftigen Arbeitsplatz zu bringen. Sobald wir im Büro von Herrn Enger saßen, begann er mit jemandem zu telefonieren, und ich hörte, daß er bis zu meinem Auftreten nicht gewußt hatte, daß ich hier anfangen sollte. Je länger er sprach, desto mehr hatte ich das Gefühl, daß ich, entgegen der vorherigen Absprache, in die Anzeigenabteilung aufgenommen werden sollte, und ich hoffte inständig, daß das auch klappen würde, denn das Setzen von Anzeigen hatte mir schon immer sehr gefallen. Nachdem Herr Enger das Telefonat beendet hatte, teilte er mir mit, daß ich nicht in die Textverarbeitung, sondern in die Anzeigenabteilung kommen würde und er diese Neuigkeit auch gerade erst erfahren hatte. Ich war sehr glücklich und völlig aufgeregt, denn das war genau das, was ich immer gewollt hatte, und nun hatte es sich völlig von selbst geregelt! Er stellte mich dann in meiner neuen Abteilung vor, und ich wurde sehr nett aufgenommen. Schon am gleichen Tag erfuhr ich auch den Grund, aus dem ich in diese Abteilung gekommen bin. Ausschlaggebend sei gewesen, daß ich - von allen in Frage kommenden Bewerbern - die höchste Anschlagzahl erreicht hatte, und

außerdem war gerade jemand aus dieser Abteilung ausgeschieden, so daß ich für diese Person eingestellt wurde. Jetzt sollte wieder ein neuer Lebensabschnitt beginnen!

Die Arbeit in der neuen Firma machte mir ausgesprochen viel Spaß, und ich war überglücklich, daß sich doch noch alles zum Guten gewandt hatte. Ich lernte schnell den Umgang mit dem neuen Satzsystem, und auch der Schichtdienst sowie die Sonn- und Feiertagsarbeit waren von Anfang an selbstverständlich. Ich war dankbar, eine Stelle gefunden zu haben, wo ich gerne arbeitete, nette Kollegen hatte und noch dazu gut verdiente.

Und wieder prahlte Anni im Bekanntenkreis damit, daß „ihre" Tochter in einem großen Verlag arbeiten würde. Sie verstand es auch diesmal, sich mit fremden Federn zu schmücken. Sie hatte in der Zwischenzeit über ihre Firma wieder eine neue Wohnung gefunden, denn ihre bisherige war für sie allein nicht mehr tragbar. Ironie des Schicksals: Die neue Wohnung war nur zwei Häuser von der entfernt, die sie damals in eine Müllkippe verwandelt hatte. Besonders Tante Hilde hatte große Bedenken, daß sie dort möglicherweise wieder damit anfangen könnte, denn in der bisherigen Wohnung hatte sie immer einen gewissen Druck gehabt, Ordnung zu halten, da jederzeit meine ehemalige Chefin vorbeikommen konnte. Jetzt war sie jedoch wieder völlig für sich. Ich sagte meiner Tante damals mehrmals, daß Anni dort machen konnte, was sie wollte, denn es interessierte mich nicht mehr. Bisher war es mir jedoch alles andere als gleichgültig gewesen, da ich bekanntlich im gleichen Haus eine Lehre gemacht hatte und glaubte, daß dann alles auf mich zurückfallen würde. Nun ging ich jedoch davon aus, daß sie nicht so dumm sein würde, wieder in die „alten Zeiten" zurückzufallen. Es wäre einfach Wahnsinn, wenn sie in eine völlig neue Wohnung zog, zum Teil neue Möbel anschaffte und dort wieder beginnen würde, Müll zu sammeln. Davon abgesehen, traute ich ihr das jedoch ohne weiteres zu.
Schon bald nachdem sie dort wohnte, lud sie Tante Hilde und mich zu ihrem Geburtstag ein. Außer uns waren noch diverse Freunde und Nachbarn eingeladen. Es widerstrebte mir jedoch, vor anderen Leuten die „liebende Tochter" und somit eine heile Welt vorzugaukeln, obwohl in Wirklichkeit nichts zwischen uns stimmte. Anni ließ dann auch keine Möglichkeit aus, jedem „ihre" Tochter vorzustellen und bestimmte Dinge von mir zu erzählen, von denen sie meist jedoch selbst nichts Genaues wußte. Ein schönes Beispiel dafür ist, wenn sie meinte, daß ich dieses oder jenes gerne essen würde. Wenn ich dann verneinte, beharrte sie jedoch auf ihrer Meinung - *sie mußte es schließlich wissen*! Erst als Tante Hilde ihr dann energisch sagte, daß ich schon seit Jahren all die

Sachen, die Anni aufgezählt hatte, nicht mehr aß, herrschte betretenes Schweigen. In solch einer Situation konnten die Anwesenden live miterleben, daß die eigene Mutter ihr Kind überhaupt nicht kannte. Zum Abschluß einer solchen Diskussion warf sie dann jedoch noch trotzig ein: „Aber früher hast du das alles gegessen!" Um das Mutter-Tochter-Verhältnis doch noch zu wahren, berichtete sie dann meist von dem, was sie früher mit mir erlebt hatte. Es widerte mich an, wenn sie einfach so tat, als hätte es die verdreckte Wohnung niemals gegeben. Natürlich war mir klar, daß sie niemandem sagen konnte: „Hey, wißt ihr, ich habe früher Müll gesammelt", aber deshalb mußte sie nicht vor anderen die liebende und fürsorgliche Mutter spielen, die sie niemals war. Nachdem ich dieses Schauspiel vielleicht zweimal mitgemacht hatte, nahm ich keine ihrer Einladungen mehr an. Als Vorwand nahm ich meinen Beruf oder aber eine andere, schon zugesagte Einladung. Meine Tante ging dann meist alleine zu Anni. Wenn ich sie dann fragte, aus welchem Grund sie dorthin ging, meinte sie immer: „Es ist die einzige Schwester, die ich noch habe, und ich kann sie doch nicht hängenlassen!" Die ersten Einladungen, die ich ausschlug, versuchte meine Tante mich noch zu überreden, sie doch noch zu begleiten. Ich erklärte ihr jedoch eindringlich, daß ich auf keinen Fall dorthin ging, nur um den Schein zu wahren. Ich hatte mir fest vorgenommen, in Zukunft nichts mehr zu tun, was ich nicht wirklich wollte besser gesagt nur jemand anderem zum Gefallen tat, denn ich wußte, wenn ich gegen meinen Willen handeln würde, täte es mir hinterher leid, und ich würde mich schlecht fühlen.
Tante Hilde lud Anni zusammen mit anderen Verwandten dann ebenfalls zu ihrem Geburtstag und auch zu Weihnachten ein. Ich vermied dann immer, zu Hause zu sein, und blieb dann meist bei Olaf. Ich hatte mittlerweile eine solche Aversion gegen Anni, daß ich es nicht ertragen konnte, sie essen zu sehen. Man muß sich folgendes Bild vorstellen: Sie hing mit dem Oberkörper regelrecht über ihrem Teller, der linke Arm reichte um den Teller herum, und mit der rechten Hand schaufelte sie sehr hastig alles in sich hinein. Sie schlang ihr Essen hinunter, als könnte es die letzte Mahlzeit sein, und die Hand, die um den Teller lag, schien zu signalisieren: „Das ist alles mir." Tante Hilde entschuldigte Annis Tischmanieren damit, daß sie zu lange alleine gegessen hatte, aber natürlich war dies kein Grund, ein solches Schauspiel darzubringen. Wenn Anni dann aufgegessen hatte, ließ sie sich zurückfallen und zeigte stolz ihre durch die Magenverkrümmung dicke Wampe. In solchen Momenten verglich ich sie mit Tante Hilde, und ich konnte nicht glauben, daß diese Frau wirklich meine Mutter sein sollte. Schon seit Jahren hatte ich die Hoffnung, meine Tante würde mich vielleicht irgendwann beiseite nehmen, um mir zu sagen, daß das alles ein böser Irrtum war und sie in

Wirklichkeit meine leibliche Mutter sei. Es mag sich grausam anhören, aber selbst wenn man mir gesagt hätte, ich sei als Kind adoptiert worden, wäre das für mich nicht so schlimm gewesen, als die Tatsache das Kind dieser Frau zu sein. Ich hatte einfach große Angst, irgendeine Eigenschaft - und sei sie auch noch so klein - von ihr angenommen zu haben.

8

Im Laufe der Jahre hatte sich mein Heuschnupfen erschreckend verschlimmert. Hatte ich zu Beginn lediglich eine Allergie gegen fünf Baumarten, so waren es jetzt fast alle Bäume und zusätzlich noch die Gräser. Damit verbunden konnte ich verschiedene Lebensmittel nicht mehr essen. Ich bekam bis zu dreimal im Jahr eine Kortisonspritze und nahezu alles, was an Nasenspray und Antiallergika auf dem Markt war, hatte ich bereits ausprobiert, jedoch ohne großen und anhaltenden Erfolg. Durch Zufall bekam ich von Sabines Mutter, die ebenfalls an Heuschnupfen litt, die Adresse eines praktischen Arztes, der sich auf Homöopathie spezialisiert hatte. Sie warnte mich zuvor, ich solle mich nicht wundern, wenn er irgend etwas machen würde, was mir seltsam vorkäme. Kurz darauf ging ich zu Dr. E. und sagte ihm, daß nach allem, was ich bisher versucht hatte, er nun mein sogenannter letzter Versuch sei. Er nahm sich sehr viel Zeit, und schon alleine dieser Aspekt unterschied ihn deutlich von anderen Ärzten, die ich bisher kennengelernt hatte. Außerdem fragte er nicht nur nach meinen Beschwerden und bisherigen Krankheiten, sondern - und das erstaunte mich besonders - durch gemeinsames Erarbeiten eines Fragebogens erfuhr er ebenfalls, was ich für ein Mensch war, das heißt, wie ich über bestimmte Dinge dachte, was mich ärgerte, wie ich mit Wut umging, was ich mochte usw. Abschließend hatte er ein erschreckend genaues Bild von mir und wußte, welche Art der Therapie für mich am besten war. Auch Tante Hilde ging dann zu ihm, und da wir ohnehin immer gemeinsam zu ihm fuhren, er hat seine Praxis nämlich etwas außerhalb, gingen wir auch immer zusammen in sein Sprechzimmer. Schon bei unserem zweiten oder dritten Termin ging es längst nicht mehr nur um unsere Krankheiten. Er erzählte unter anderem über seinen Werdegang als Arzt, seine Familie und wollte auch wissen, wie es kommt, daß Tante Hilde und ich ein so enges Verhältnis haben. Er war uns schnell sehr vertraut und dadurch, daß er jung, aufgeschlossen, ruhig, immer gutgelaunt und vor allem äußerst kompetent ist und uns, jedoch besonders mir, immer sehr gut geholfen hat, sprachen wir auch bald über persönliche Dinge, die uns und auch ihn belastet haben. Das alleine war schon äußerst ungewöhnlich und hat mich sehr beeindruckt. Ich bat ihn dann auch einmal um eine Überweisung zu einem Psychologen oder Therapeuten, mit dem ich über meine Kindheit sprechen konnte, um diesen Teil endlich zu verarbeiten. Nachdem ich ihm dann noch davon erzählt hatte, daß ich angefangen hatte, dies alles niederzuschreiben, meinte er, daß ich damit unbedingt weitermachen sollte, denn dies würde mir auf jeden Fall Erleichterung verschaffen. Von einem Therapeuten hielt er vorerst nichts und ließ diesen erst einmal außen vor.

Er stellte damals unter anderem fest, daß ich eine Milcheiweißallergie hatte und auch aus diesem Grund ständig unter ganzjährigem Schnupfen litt. Die Art, wie er das festgestellt hatte, war tatsächlich merkwürdig. Ich lag auf einer Liege, mußte mit dem Daumen und Mittelfinger der rechten Hand einen Ring machen, das heißt diese beiden Finger fest aufeinanderdrücken. Er versuchte dann, diese beiden Finger auseinanderzuziehen, was ihm nicht gelang. Hielt er jedoch einen Beutel Milch an meine Zehen und versuchte erneut, den Ring zu öffnen, bekam er sie nun ohne jegliche Mühe auseinander, obwohl ich nach wie vor Kraft aufwandte, um ihn daran zu hindern. Ich bin von jeher sehr mißtrauisch, und wenn ich es nicht selbst erlebt hätte, würde ich es wohl auch nicht glauben, aber er hat diesen Griff schon mehrmals angewandt, und ich bin jedesmal aufs neue erstaunt, was er dadurch alles feststellen kann. Den Heuschnupfen hat er durch Akupunktur und eine Bioresonanztherapie so gut in den Griff bekommen, daß ich seit mehreren Monaten völlig beschwerdefrei bin. Besonders durch die Akupunktur ließ sich gut beweisen, daß diese Krankheit sehr viel mit der Psyche zu tun hat, denn nachdem ich mit 25 Jahren meine erste eigene Wohnung hatte, stand ich ständig unter „Strom" und hatte den Heuschnupfen wieder einmal sehr schlimm. Obwohl ich dort - bis auf die Wochenenden, an denen Olaf kam - völlig allein lebte, putzte ich sie jede Woche komplett und nahm mir oft nicht die Zeit, mich abends ruhig vor den Fernseher zu setzen und zu entspannen. Es war neu für mich, einen eigenen Haushalt zu führen, und darum wollte ich alles zweihundertprozentig machen, und das ging an meine Substanz. Eine große Erleichterung ist allerdings die Tatsache, daß Tante Hilde immer noch täglich für mich kocht. Am Anfang war meine „Putzwut" so schlimm, daß ich, sogar wenn die Wohnung komplett gereinigt war, immer noch das Gefühl hatte, es sei dreckig. Ich widerstand dem Wunsch, alles noch einmal zu putzen, denn ich wußte, es wäre verrückt gewesen. Der Grund für dieses Verhalten war einzig und allein der, daß ich Bedenken hatte, so zu werden wie Anni, anders gesagt irgend jemand denken könnte, jetzt, wo ich meine eigene Wohnung hatte, würde ich mich ebenfalls derart gehenlassen.
Olaf kam wie gesagt immer am Wochenende, und er war damals geschockt, als ich ihm mitteilte, daß ich zunächst allein in die neue Wohnung ziehen würde. Ursprünglich hatten wir geplant, zusammen dorthin zu ziehen, aber unter anderem hatte mich sein Verhalten dazu veranlaßt, mich anders zu entscheiden. Schon von Anfang an überließ er die Wohnungssuche und anschließend die ganze Organisation der Handwerker Tante Hilde und mir. Er kümmerte sich in diesem Bereich um nichts, obwohl es auch seine Wohnung werden sollte. Als ich ihm damals freudestrahlend mitteilte, daß meine Tante eine Wohnung be-

sorgt hatte, die nur drei Häuser von der ihren entfernt sei, fand er diese Tatsache überhaupt nicht reizvoll, denn er gab zu bedenken, daß Tante Hilde jederzeit die Möglichkeit hätte vorbeizukommen. Es war ihm einfach ein Dorn im Auge, daß sie so viel für mich tat, denn seine Eltern hatten ihn schon immer sehr knapp gehalten, wie man so schön sagt. Olaf wurde erst aktiv, als es daran ging, zu tapezieren und zu streichen sowie die Fußleisten komplett abzuschleifen. All diese Arbeiten hatte ich noch niemals zuvor gemacht, aber wir haben das sehr gut geschafft, und als wir bei uns fertig waren, bekam die Wohnung von Tante Hilde ebenfalls einen neuen Anstrich - danach konnte ich keine Farbe mehr sehen! Wir zogen damals mit meiner Tante durch verschiedene Möbelhäuser und kauften dann an einem Tag die Küche und das komplette Schlafzimmer. Während ich die Schecks ausstellte, saß er dabei und schaute seelenruhig zu. Als ich die beiden dann zur Feier des Tages zum Essen einlud, ließ Olaf dann noch den Spruch los: „Jetzt habe ich heute für dich 20,- DM an Sprit verfahren!" Es war einfach unglaublich! Ich hatte gerade für etliche tausend Mark eingekauft, lud ihn zum Essen ein, und er hielt mir 20,- DM vor, die er für mich verfahren hatte. Am nächsten Wochenende sagte ich ihm dann, daß ich erst einmal alleine einziehen wolle. Es war nämlich so, daß ich bis dato schon seit all den Jahren, in denen ich bei Tante Hilde gewohnt hatte, kein eigenes Zimmer hatte und sich jetzt die Möglichkeit bot, erst einmal zu beweisen, daß ich auch auf eigenen Füßen stehen konnte. Natürlich sagte ich ihm auch, daß sein Verhalten ebenfalls ausschlaggebend gewesen sei, und er bot mir daraufhin an, seinen Bausparvertrag zu kündigen und diesen Betrag für den Kauf der Möbel beizusteuern. Ich lehnte das ab, denn ich wollte unabhängig bleiben. Auf seine Frage, wie lange ich denn gedenken würde, alleine dort zu wohnen, antwortete ich: „Vielleicht einen Monat, ein Jahr oder länger ..." Er mußte sich damit zufriedengeben. Von da an kam er also immer am Wochenende zu mir, und alleine das sollte zeigen, wie wir miteinander auskamen, wenn wir wirklich einmal zusammenziehen würden, denn wir waren schließlich seit über einem Jahr verlobt. Olaf wollte dann jedoch wenigstens einen Schlüssel für die Wohnung, aber auch das verweigerte ich ihm, da ich ohnehin immer zu Hause war, wenn ich wußte, daß er kommen würde. Auch das akzeptierte er zähneknirschend. Den Schlüssel wollte ich ihm schon aus einem anderen Grund nicht geben, denn es wäre eine unangenehme Situation, den Schlüssel zurückzufordern, wenn die Beziehung doch scheitern würde. Das konnte ich ihm jedoch unmöglich sagen. Außerdem war ich so völlig unabhängig.

Nachdem schon Freunde und Bekannte die Wohnung gesehen hatten, obwohl zunächst das Wohnzimmer noch nicht eingerichtet war, wollte

natürlich auch Anni endlich die Wohnung „ihrer Tochter" sehen. Ich konnte es mir finanziell nicht mehr leisten, auch noch das komplette Wohnzimmer einzurichten, da ich mir - lange bevor wir wußten, daß ich eine Wohnung bekommen würde - ein neues Auto gekauft hatte. Da jetzt also alles auf einmal zusammenkam, beschloß ich, erst wenn ich wieder genug Geld hatte, dieses Zimmer einzurichten. Tante Hilde hat mir, nachdem sie ihren Wagen verkauft hatte, den Erlös aus dem Verkauf geschenkt, so daß ich alles bar bezahlen konnte. Auch auf diesen Wagen gehörte eigentlich wieder der Aufkleber: „Sponsored by Aunt".
Als Anni dann zum ersten Mal die Wohnung sah, stand ihr der Neid im Gesicht geschrieben. Schon allein die Einbauküche, eine Kirschbaumnachbildung mit Hochschränken und diversen Einbaugeräten, verschlug ihr die Sprache, und sie bekam lediglich ein „schön" über die Lippen. Sie hatte wohl erwartet, daß ich mir irgend etwas „Zusammengewürfeltes" gekauft hatte, denn mit solch einer Küche hatte sie nicht gerechnet, soviel stand fest.

In der nächsten Zeit kam es schon mal vor, daß ich Anni beim Einkaufen traf. Das war mir dann oft sehr peinlich, denn sie sprach immer so laut, daß auch jeder hören konnte, worum es ging. Wenn dann noch Leute vorbeikamen, die uns kannten, war das wohl für Anni das größte, denn so konnte doch jeder sehen, daß wir ein ganz „normales Verhältnis" hatten und - was noch viel wichtiger war - in Kontakt standen. Manchmal trafen Tante Hilde und ich sie auch zusammen im Supermarkt. Es lief dann immer folgende Szene ab: Wir begrüßten uns, und sie begann sofort davon zu erzählen, was ihr Arzt wieder bei ihr festgestellt hatte. Einmal erzählte sie dann tatsächlich, daß sie eine Hausstaubmilbenallergie habe und jetzt nur noch besondere Bettwäsche benutze und sonstige Vorsichtsmaßnahmen in ihrer Wohnung treffen müsse. Ich hätte schreien können, denn das war die allergrößte Lachnummer, die ich jemals gehört hatte. Sie, die jahrelang im tiefsten Dreck gehaust, sich nie richtig gewaschen und sich noch nie mit dem Wort Sauberkeit richtig auseinandergesetzt hatte, die gleiche Frau hatte jetzt eine Hausstaubmilbenallergie. Ich war wirklich fassungslos, mit welcher Bravour sie uns davon erzählte. Ein anderes Mal hatte sie auf einer Wange so etwas wie einen schwarzen Pickel, was nichts anderes war als ein eingeschlossenes, verkapseltes „Dreckklümpchen". Nachdem es operativ entfernt worden war, bekam sie dann die Nachricht, daß sich diese Verdickung als Hautkrebs hätte entwickeln können. Ich sagte ihr dann auf den Kopf zu, daß sie sich das ganz allein zuzuschreiben hätte, da sie sich abends nie abschminken würde und somit der ganze Dreck des Tages wunderbar auf ihrem Gesicht „arbeiten" konnte. Sie entgegnete

energisch, daß das nicht stimmen würde, aber mir konnte sie nichts erzählen. Egal, wann man Anni besuchte, sie war immer geschminkt, und wenn sie morgens gerade aufgestanden war und die Schminke vom Vortag noch unschwer zu sehen war, meinte sie: „Gestern war es mir einfach zu spät, mich noch abzuschminken!" Das Kuriose an dem Ganzen war und ist immer, daß sie jederzeit eine passende Ausrede hat und anscheinend selbst glaubt, was sie uns weismachen will. Doch Tante Hilde und mir kann sie nichts mehr vormachen - wir glauben ihr kein Wort. Es ist noch niemals passiert, daß sie mit irgendeinem Wort wirklich interessiert gefragt hätte: „Wie geht es euch?" Nur sie war wichtig. Mit ihr konnte ich mich nie unterhalten, und was ich schon früh gelernt hatte, ihr durfte man nie etwas erzählen. Anni ist eine Frau - wenn ich ihr sagen würde: „Ich habe mir die Hand gebrochen", bekäme ich die Antwort: „Oh, ich glaube, morgen gibt es wieder Regen." Sie ist völlig mit sich beschäftigt, und man könnte sich genausogut mit der Parkuhr unterhalten. Was ich ihr auch im Leben niemals vergessen werde, ist die Tatsache, daß sie damals, als ich mit 16 Jahren das erste Mal beim Frauenarzt war, alles haarklein im Bekanntenkreis herumerzählte. Für mich war dieser besondere Arztbesuch wie für alle Mädchen mit großer Angst verbunden, weil man nicht wußte, was einen erwarten würde. Als wir die Praxis verließen, erzählte ich meiner *Mutter* natürlich ganz genau, was alles passiert ist. Kurze Zeit später hörte ich von Katharina, daß Anni ihr einfach alles erzählt hatte. Ich kann nicht ausdrücken, wie beschmutzt und verraten ich mir vorkam. Ich stellte sie zur Rede, und sie meinte nur lapidar: „Das ist doch nicht schlimm, das kann man erzählen."
Um auf den Supermarkt zurückzukommen, endeten diese Treffen immer damit, daß Tante Hilde und ich zusammen nach Hause gingen und Anni ihren Heimweg alleine antrat. Meine Tante sagte dann jedesmal: „Das muß für sie doch schlimm sein, zu sehen, wie ihre eigene Tochter mit der Schwester nach Hause geht. Mir würde sich das Herz zusammenziehen, wenn meine Tochter mich wie eine entfernte Bekannte behandeln würde." Aber es ist nun einmal Fakt, daß Anni für mich noch nicht einmal so etwas wie eine Tante geworden ist und Tante Hilde meine wirkliche Mutter ist. Niemand kennt den Grund für mein Verhalten besser als Anni selbst!

Nicht lange nachdem ich meine Wohnung hatte, zog Olaf in ein Appartement ganz in meiner Nähe. Ich hatte ihn überredet, doch zunächst auch einmal auf eigenen Füßen zu stehen, bevor er von seinen Eltern direkt in meine Wohnung ziehen würde und somit von einer Abhängigkeit in die nächste ging. Wir haben lange darüber diskutiert, und schließlich war er sehr froh, diesen Schritt getan zu haben. Wir sahen

uns dadurch noch häufiger, und die Wochenenden verbrachte er weiterhin bei mir, da seine Wohnung einfach zu klein war für zwei.
Etwa ein halbes Jahr später zeichnete sich das Ende der Beziehung zu Olaf ab. Der berühmte Tropfen, der das Faß zum Überlaufen brachte, war der, daß er mich wieder einmal belogen hatte. Einer seiner Freunde hatte am Wochenende bei mir angerufen und lange mit Olaf gesprochen. Die beiden, so konnte ich mir später zusammenreimen, hatten sich da schon, etwa zwei Wochen vor Karneval, für Weiberfastnacht verabredet. Auf meine Frage: „Was wollte denn der Kai?" antwortete er: „Nichts!" Da wußte ich, daß er etwas vor mir verbarg. Ich bin die letzte, die dagegen gewesen wäre, daß er etwas alleine unternahm, aber er belog mich bis einen Tag vor diesem Treffen, daß er sich nicht verabredet hatte und einfach aufs Geratewohl zu seinen Freunden fahren würde, um dort Karneval zu feiern. Er fragte nicht, ob ich möglicherweise mit ihm wollte, sondern seine Ausrede war: „Du mußt ja arbeiten!" Dabei wußte er, daß ich früh genug Feierabend machen konnte, um gemeinsam mit ihm zu fahren. Es wäre auch völlig in Ordnung gewesen, wenn er mir ganz klar gesagt hätte: „Hör mal, ich würde gerne den Abend mit meinen Freunden verbringen, und du unternimmst dann ebenfalls etwas mit deinen Freundinnen - ist schließlich Weiberfastnacht." Das wäre alles überhaupt kein Thema gewesen, solange er offen mit mir darüber gesprochen hätte, aber er fühlte sich immer um diese Zeit solo, und diesmal sollte er es dann auch nach dieser Zeit sein. Ich wollte mich nicht immer von ihm in eine Ecke stellen und bei Bedarf wieder herausholen lassen. Schon einen Tag später hatten wir eine lange Aussprache. Er gab zu, daß er sehr oft log, und ich sagte ihm, daß dies keine Grundlage für eine Beziehung sei und ich nicht bereit sei, weiterhin mit seinen ständigen, völlig grundlosen Lügen zu leben. Er müsse sich eben jemanden suchen, der damit klar komme. Olaf rückte dann auch nach und nach damit heraus, daß er auf mich eifersüchtig war. Ich konnte nicht glauben, daß er mir meine Wohnung beziehungsweise die Einrichtung, meinen neuen Wagen und nicht zuletzt meine Arbeitsstelle neidete. An diesem Abend kam noch sehr viel mehr zur Sprache, und wir kamen zu dem Schluß, uns zu trennen, aber Freunde zu bleiben, obwohl ich mir letzteres überhaupt nicht vorstellen konnte. Wir überlegten außerdem lange, ob wir den bereits gebuchten Urlaub in Spanien trotzdem zusammen antreten sollten oder besser stornieren würden. Wir entschieden uns, diesen letzten Urlaub zu machen, und entgegen aller Stimmen, die behaupteten: „Das kann nicht gutgehen", wurde es ein recht schöner Urlaub. Wir telefonierten dann auch noch häufiger miteinander, bis schließlich der Kontakt endgültig abbrach.

Als Anni hörte, daß Olaf und ich uns getrennt hatten, sagte sie: „Das ist auch besser so, der war ohnehin sehr komisch!“ Sie meinte damit das Verhalten, das er ihr gegenüber an den Tag gelegt hatte, denn als wir Anni einmal besuchten, sprach er nur das Nötigste mit ihr. Dadurch, daß er wußte, wie ich großgeworden war, wollte er sie eigentlich noch nicht einmal kennenlernen, und das konnte ich ihm nicht verdenken. Diese Reaktion von Anni war äußerst anmaßend, und ich sagte ihr dann auch, daß es völlig unerheblich war, wie und was sie über ihn dachte. Glaubte sie wirklich, ich würde auch nur einen Funken auf ihre Meinung in bezug auf meine Freundschaften oder in sonstigen Angelegenheiten geben? Sie hatte sich bisher nie um mich gekümmert, ging jetzt in ihrer Mutterrolle auf und glaubte, sie hätte das Recht, mir in irgendeiner Weise Ratschläge zu erteilen. Ich muß einfach sagen: Bei ihr wunderte mich nichts mehr. Sie besaß schon immer eine Unverfrorenheit, ihrem Gegenüber die Meinung ins Gesicht zu schleudern, ohne an die Konsequenzen zu denken - oder aber, es war ihr gleichgültig, ob sie dem anderen weh tat. Die Worte *Fingerspitzengefühl* oder *Takt* waren für Anni Fremdwörter. Dabei wird mir ebenfalls erst jetzt bewußt, daß sie nie herzlich, liebevoll oder mütterlich war, denn ich weiß noch, wie Andrea sagte: „Ich habe früher noch nie gesehen, daß deine Mutter dich mal in den Arm genommen und gedrückt hätte.“ Als sie mir das zum ersten Mal sagte, wurde mir richtig klar, daß dies tatsächlich die traurige Wahrheit ist. In den späteren Jahren jedoch versuchte Anni des öfteren, mich an sich zu drücken, aber da war es mir schon so zuwider, daß ich jedesmal abblockte. Konnte sie mir das verdenken? Mein Onkel und meine Tante hingegen entschädigten mich jedoch in dieser Hinsicht für alles!
In den nächsten beiden Jahren sahen wir uns nur sehr selten, denn wenn sie uns einlud, hatte ich Dienst oder aber *leider* schon etwas anderes geplant. Tante Hilde ging jedoch weiterhin zu ihr, vermutlich schon alleine, um zu sehen, ob sie die Wohnung wirklich in Ordnung halten würde. Freunde und Bekannte waren natürlich jedesmal aufs neue gespannt, wie denn nun die Tochter von Anni aussah, von der sie schon so viel gehört hatten, die sie jedoch bisher nur von alten Photos kannten, die Anni jedem stolz präsentierte. Ich hätte zu gerne gewußt, was Anni ihnen erzählte und ob sie wirklich immer geglaubt haben, daß ich gerade am Tag von Annis Geburtstagsfeier arbeiten mußte. Normalerweise würde doch eine Tochter an solch einem Tag ihren Dienst so legen, daß sie ebenfalls daran teilnehmen könnte, aber bei mir konnte man eigentlich schon, wie man so schön sagt, fühlen, daß ich überhaupt nicht die Absicht hatte, eine Einladung von Anni wahrzunehmen.
Im Laufe der nächsten Zeit habe ich recht wenig von Anni gehört, meist nur wenn einer von uns Geburtstag hatte. Jedesmal wenn ich von Be-

kannten gefragt wurde: „Was macht deine Mutter?“, mußte ich mit den Schultern zucken, denn ich wußte es nicht. Die Leute waren dann irritiert, denn Anni wohnte doch nur eine Straße von uns entfernt - zu Fuß gerade mal vier Minuten - und mußte sich doch dafür interessieren, was ihre Tochter machte. Die meisten Leute wußten jedoch, daß ich bei meiner Tante großgeworden war, und so verstanden sie auch, daß meine Beziehung zu Anni - wenn man überhaupt von Beziehung sprechen konnte - nicht allzu intensiv war, um es einmal vorsichtig auszudrükken.

An einem Sonntag kam ich spät nach Hause, da ich mit Freunden noch im Kino gewesen war. Ich meldete mich wie immer bei Tante Hilde zurück. Wir haben uns schon von Beginn an daran gewöhnt, daß jeder von uns sich beim anderen meldet, wenn er irgendwo gut angekommen ist. Es geht einfach um die innere Ruhe und die Gewißheit, dem anderen geht es gut. Dabei spielt es überhaupt keine Rolle, zu welcher Tages- und Nachtzeit das passiert. Beispielsweise lasse ich bei ihr selbst um 4.00 Uhr morgens einmal das Telefon läuten, damit sie weiß, daß ich gut zu Hause angekommen bin. Ich weiß, daß sie erst dann wirklich richtig schlafen kann, und umgekehrt geht es mir genauso. In dieser Beziehung sind wir völlig aufeinander abgestimmt, und das ist uns schon in Fleisch und Blut übergegangen. Ein anderes Beispiel: Wenn ich vom Spätdienst vor 23.00 Uhr den Heimweg antrete, lasse ich von unterwegs zweimal bei ihr klingeln. Daraufhin zieht sich Tante Hilde an und steht, wenn ich ankomme, schon unten vor der Türe, um mit mir den Wagen in die Tiefgarage zu bringen. Wir versuchen einfach jede Möglichkeit auszuschließen, daß sich einer von uns unnötig in Gefahr begibt.

An diesem Abend sagte Tante Hilde zu mir: „Vera, mit der Anni ist was passiert!“ Ich hörte schon am Tonfall, daß es etwas Ernstes sein mußte. Zunächst glaubte ich jedoch, sie sei wieder einmal gefallen und habe sich möglicherweise dadurch, ebenfalls nicht zum ersten Mal, ein Loch in den Kopf geschlagen. Das passierte ihr in der letzten Zeit nämlich häufig, ohne daß ein Arzt den wahren Grund finden konnte. Diesmal jedoch war sie am Tag zuvor zu Hause vornüber auf ihren Glastisch gefallen, und als sie wieder das Bewußtsein erlangte, war sie nicht mehr in der Lage, ihr Arme und Beine zu bewegen. Sie war dann bis in die Diele gekrochen, aber ihre Rufe wurden erst Sonntag morgen gehört. Eine Nachbarin, die einen Schlüssel zu Annis Wohnung hatte, rief den Notarzt. Zunächst dachte man an einen Schlaganfall, doch in der Klinik konnte man überhaupt nichts feststellen. Es ist immer noch unglaublich, aber man fuhr Anni, die weder Arme noch Beine bewegen konnte und somit nicht laufen konnte, die keine Kontrolle über ihre Blase hatte und sich in keiner Weise hätte selbst versorgen können, umgehend mit dem Krankentransport zurück nach Hause! Für die Klinik war sie eine gesunde Frau! Die Nachbarin weigerte sich, Anni anzunehmen und kämpfte so lange, bis man sie schließlich zurück in die Klinik fuhr. Wie gesagt erfuhr ich erst an diesem Abend von Annis Situation. Es mag vielleicht unverständlich sein, aber ich überlegte noch sehr lange, ob ich sie am folgenden Tag überhaupt besuchen sollte. Ich beschloß, ich

würde mir schließlich nichts vergeben und mir unter Umständen sonst später einmal Vorwürfe machen. Also gingen Tante Hilde und ich am nächsten Tag zu ihr. Was wir sahen, war ein Bild des Grauens. Man muß sich folgendes vorstellen: Anni hing in einem Stuhl mit integrierter Pfanne, hatte weder Hose - man hätte sie zumindest etwas bedekken können - noch Schuhe an, und das Schlafanzugoberteil war fast komplett aufgeknöpft. Das war, um es auf den Punkt zu bringen, menschenunwürdig. Sie konnte weder Arme noch Finger bewegen, und trotzdem hatte man ihr eine Notfallklingel in die Hand gelegt, die sie jedoch nie hätte betätigen können. Sie war völlig fertig und sprach sehr verwaschen, so daß wir zunächst tatsächlich an einen kleineren Schlaganfall dachten, der das Sprachzentrum in Mitleidenschaft gezogen hatte. Sie erzählte uns schleppend, daß am Vortag eine ältere Frau, die neben ihr im Bett lag, ohne Erfolg wiederbelebt worden war. Als ein Arzt fragte: „Wie alt war sie denn?“ und Anni antwortete: „80 Jahre“, erwiderte er: „Na, da hatte sie doch ein schönes Leben!“ Kein Wunder also, daß Anni unheimliche Angst hatte. Für Tante Hilde und mich stand sofort fest, daß sie in dieser Klinik unmöglich bleiben konnte. Aber ich hatte überhaupt keine Ahnung, wie ich veranlassen konnte, daß sie verlegt wurde. Die Person, die mir spontan in den Sinn kam, war Dr. E. Ich rief sofort in der Praxis an und erklärte einer Arzthelferin unsere Situation. Sie bat mich, kurze Zeit später noch einmal anzurufen, und dann wurde ich direkt zu Dr. E. durchgestellt. Er empfing mich mit den Worten: „Was machen Sie im Krankenhaus?“ Ich erzählte ihm alles, und er versuchte die Ursache für den Zustand von Anni zu erläutern. Nach meinen Schilderungen glaubte er, daß sie unbedingt in eine neurologische oder neurochirurgische Abteilung gehörte, da der Grund dieser Lähmungen im Halswirbelbereich zu suchen sei. Er verwies mich an unseren Hausarzt und abschließend sagte er: „Machen Sie sich keine Sorgen, und denken Sie an sich. Es wird alles gut.“ Ich wußte, was er damit meinte, denn ich hatte gerade eine schwere Gürtelrose überstanden und mußte jede Art von Streß vermeiden.
In der Zwischenzeit kam dann ein Neurologe zu Anni und untersuchte sie. Tante Hilde und ich warteten vor der Türe, und als er das Zimmer verließ, stellte ich mich vor und bat ihn, mir doch mitzuteilen, was er festgestellt hatte. Er brummelte etwas von: „Keine Zeit ... und muß erst mit dem Professor sprechen“ in den Bart und ging weiter. In diesem Moment bin ich über mich selbst hinausgewachsen. Ich rief ihm laut hinterher: „Sie können mich hier doch nicht einfach so stehen lassen, ich will sofort wissen, was sie festgestellt haben!“ Das ließ ihn jedoch noch unbeeindruckt. Daraufhin erwiderte ich: „Sagen Sie mir sofort Ihren Namen!“ Als ich das ein zweites Mal wiederholte, kam er auf mich zu und schleuderte mir ins Gesicht: „Sie ist querschnittsgelähmt -

jetzt wissen Sie es!" Ich bin erstaunlich kühl geblieben und wollte wissen, was er jetzt zu tun gedachte. Daraufhin sagte er wieder schroff, daß dies mit dem Professor zu besprechen sei, und ging.
Als er mir gesagt hatte, sie sei querschnittsgelähmt, hat mich das zwar geschockt, aber er hätte mir genausogut sagen können, daß sie sich einen Fuß gebrochen hatte. Was ich damit sagen will, ist, die Distanz zwischen Anni und mir war schon so groß, daß mich das nicht sehr berührt hat. Wäre jedoch - Gott behüte - meine Tante in dieser Situation gewesen, dann wäre ich ausgerastet und dem Mann ins Gesicht gesprungen.
Als wir wieder zu Anni gingen, hörten wir, daß er auch ihr gesagt hatte, sie sei querschnittsgelähmt. Wir beruhigten sie erst einmal und erklärten ihr, daß das unmöglich sein könne, denn sie habe schließlich noch in allen Gliedmaßen Gefühl und das allein zähle. Daraufhin rief ich unseren Hausarzt an, der bereits von der Klinik hinzugezogen worden war. Man hatte ihm die Frage gestellt, ob Anni dem Alkohol zugetan sei. Er wies diese Frage entschieden zurück, denn er hatte niemals eventuelle Anzeichen an ihr bemerkt. Ich bekam von ihm wertvolle Hinweise, und er riet mir, sofort mit dem Professor zu sprechen. Ich mußte dann aber lachen, als er sagte: „Das ist zwar jetzt blöd, daß ausgerechnet ich als Mann Ihnen das sage, aber - es ist besser, Sie nehmen einen Mann mit zu diesem Gespräch, denn das wirkt immer mehr." Ich erzählte ihm daraufhin von meinem „Zusammenprall" mit dem Neurologen und sagte, daß ich auch alles weitere sehr gut mit meiner Tante alleine schaffen würde. Er hörte meine Entschlossenheit und wußte, daß ich keine Angst hatte, alles durchzusetzen, was ich mir vorgenommen hatte.
Natürlich wollte ich von Anni selbst wissen, wieviel sie am Vorabend der Einlieferung getrunken hatte, und sie antwortete: „Allerhöchstens *zwei* Gläser Sekt, ich bin doch kein Alkoholiker." Sie war empört, daß man überhaupt danach gefragt hatte.
Kurze Zeit später saßen wir endlich am Schreibtisch des Professors. Er hatte von Annis Krankheitsverlauf erst vor wenigen Stunden erfahren und war bemüht, uns alle Fragen zu beantworten. Auch er sprach von einer Querschnittslähmung und hatte bereits alles veranlaßt, was ich fordern wollte. Sie wurde umgehend in die Universitätsklinik gebracht, und man legte ihr eine Halskrause an, um den Halswirbelbereich zu stabilisieren. Was uns dann doch nachdenklich machte, war die Frage: „Wie sieht es mit Alkohol aus?" Wir antworteten, daß sie keine Alkoholikerin sei, jedoch am Abend vor der Einlieferung etwa zwei Gläser Sekt getrunken habe. Ich fragte ihn, wie er zu dieser Annahme komme. Er antwortete: „Sie hatte eine verwaschene Aussprache, und alles, was sie sagte, machte keinen Sinn. Wenn ich mich hier mit Ihnen unterhalte,

stellen Sie konkrete Fragen, und das gesamte Gespräch hat eine Logik. Wenn ich Ihre Mutter jedoch fragte, wo sie Schmerzen hatte, antwortete sie: hier ... später hier, dann wieder woanders. Verstehen Sie, was ich meine. Aber wenn Sie mir sagen, daß Alkohol keine Rolle spielt, dann ist es gut." Ich fragte ihn dann, wie es sein konnte, gestern eine „gesunde" Frau - die weder Arme noch Beine bewegen konnte - wieder nach Hause zu fahren und heute eine Querschnittslähmung festzustellen. Darauf konnte er mir *leider* nichts sagen, denn dazu kannte er nicht die Vorgeschichte. Abschließend beschwerte ich mich noch über das unmögliche Verhalten des Neurologen, der eine besonders „herzliche" Art hatte, den Angehörigen seinen Befund um die Ohren zu schlagen. Das Makabre an der ganzen Sache: Noch keine Woche später haben wir die Todesanzeige genau dieses Neurologen in der Zeitung gelesen. Meine Freundinnen witzelten, ich hätte wohl den bösen Blick und jetzt dürfe man mit mir keinen Streit mehr anfangen.

Als Anni dann endlich in der Universitätsklinik war, wurde sie umfassend untersucht und versorgt. Jetzt war sie wirklich in guten Händen, und nachdem alle Untersuchungen abgeschlossen waren, gingen Tante Hilde und ich gegen 21.00 Uhr nach Hause. Was uns jedoch zu denken gab, war auch in dieser Klinik die Frage des Arztes an Anni, die er in unserem Beisein stellte: „Wie sieht es mit Alkohol aus?" Da jedoch antwortete sie: „Also allerhöchstens *drei* Gläser Sekt." Wir überlegten auf der Heimfahrt, ob doch etwas an der Annahme dran sein könnte, daß sie dem Alkohol zugetan ist. Wir hatten keine typischen Signale an ihr beobachtet - wie denn auch, wenn wir sie nur wenige Male im Jahr sahen. Fakt war aber nun, daß sie keine Möglichkeit hatte, an Alkohol heranzukommen, und sollte sie Alkoholikerin sein, mußte sie sich früher oder später melden, damit man ihr helfen konnte. Andererseits taten wohl zunächst die ganzen Schmerzmittel ihr übriges, um einen möglichen Entzug zu unterstützen.
Schon wenige Tage später wurde sie operiert. Da sie nicht selbst unterschreiben konnte, um unter anderem ihre Einwilligung zu diesem Eingriff zu geben, mußte ich das in ihrem Namen übernehmen. Bei dieser Operation wurden ihr zwei Bandscheiben entfernt und die Verbindung mit Beton wieder so hergestellt, daß sie keinerlei Einschränkungen in der Bewegung haben würde. Von der Operation erhofften wir uns schnelle Besserung, aber da Anni bis auf die kurze tägliche Krankengymnastik selbst keine Übungen machte, konnten auch keine großen Fortschritte ausgemacht werden. Selbst der Professor sagte in meinem Beisein: „Ich schimpfe immer mit ihr." Auf meine Frage: „Warum?" sagte er: „Sie tut zu wenig!"

Ich hatte von Anfang an den Eindruck, Anni ging - obwohl sie über den Befund der Querschnittslähmung geschockt war - in ihrer Krankheit richtig auf. *Besser* als hier konnte sie es doch momentan nicht haben: Sie wurde gewaschen, gefüttert, die Nägel wurden geschnitten, sie konnte den ganzen Tag im Bett liegen und sich bedienen lassen. Es steht außer Frage, daß sie sehr krank war, und daher hört sich das möglicherweise herzlos an, aber Fakt war: Sie tat nichts, um aus dieser Situation herauszukommen. Einer unserer Ärzte sagte uns, daß bei einer solchen Krankheit jede Minute zählt, da sich Muskeln und Lymphdrüsen rasch zurückbilden - Anni ließ sie verstreichen!
Tante Hilde und ich waren in dieser Zeit zunächst jeden Tag bei ihr. Als ich am Tag vor der Operation an ihrem Bett stand, begann sie zu weinen, weil sie Angst hatte. Ich versuchte ihr zu erklären, daß solche Operationen für den Professor schon Routine waren und bestimmt alles gutgehen würde. Normalerweise würde man einen Menschen in den Arm nehmen und trösten, aber alles, wozu ich fähig war, das war, lediglich ihre Hand zu tätscheln. Auf dem Weg zu meinem Auto erschrak ich über mich selbst. War ich wirklich so hart? War ich so eiskalt, daß mich ihre Tränen völlig unberührt ließen? Ich ließ verschiedene frühere Szenen mit anderen Menschen Revue passieren und wußte, daß ich hier völlig außergewöhnlich und gegen meine Natur reagierte. Es ist wohl so zu erklären, daß ich mir im Laufe der Jahre regelrecht eine Wand in Beziehung zu Anni aufgebaut habe, an der alles, was diese Frau betrifft, abprallt und mich somit überhaupt nicht berührt. „Überhaupt" stimmte wohl nicht ganz, denn seitdem sie im Krankenhaus lag, hatte ich den Heuschnupfen schlimm wie lange nicht mehr und zusätzlich einen Ausschlag im Nacken, den ich sonst nur sporadisch bekam und der jetzt überhaupt nicht mehr abheilte.
Wieder war ich Dauerpatient bei Dr. E. Wenn ich bisher gedacht hatte, ich würde alle seine Behandlungsmethoden kennen, so wurde ich wieder eines Besseren belehrt. Er sah sofort, daß meine Nerven blank lagen, und ich erzählte ihm, was bisher mit Anni passiert war. Daraufhin meinte er: „Ich zeige Ihnen jetzt mal was." Ich lag auf der Liege und sollte meine linke Hand oberhalb der Brust ablegen - dort liegt eine bestimmte Drüse - und mit Daumen und Mittelfinger der rechten Hand wieder einen Ring halten. Dann forderte er mich auf, an das zu denken, was mich belastete und was mein Problem war. Ich tat es, und er konnte die beiden Finger mühelos auseinanderziehen. Danach sollte ich an etwas Schönes oder jemanden, den ich mag, denken, und er versuchte wieder, die Finger auseinanderzuziehen, aber diesmal ohne Erfolg! Ich war völlig verblüfft, und er meinte: „Muß ich dazu noch irgend etwas sagen? Sehen Sie zu, daß Sie das Problem lösen, sonst bekommen Sie den Heuschnupfen schlimm wie nie!" Ich erwiderte, daß dies einfacher

gesagt als getan sei, und ich wußte, meine einzige Möglichkeit, das Problem „zu lösen“, wie er sagte, war, dieses Buch zu vollenden. Er half mir wieder mit Akupunktur und setzte verschiedene Nadeln an die Stellen, die dafür sorgen sollten, daß ich wieder etwas zur Ruhe kam.

In der Zeit, in der Anni noch in der Klinik war, hatte ich des öfteren zum Teil heftige Auseinandersetzungen mit Tante Hilde. Es war nämlich so, daß sie nicht nur jeden Tag zu ihr ins Krankenhaus ging, sondern wahrhaftig noch überlegte, mit der Nachbarin die Wohnung von Anni in Ordnung zu bringen. Die absolute Krönung an der ganzen Geschichte hat mich nämlich dermaßen aus der Bahn geworfen, daß die Tatsache, daß Anni querschnittsgelähmt war, absolut nichtig war. Sie hatte nämlich in den knapp drei Jahren, in denen sie nun in der neuen Wohnung lebte, wieder begonnen, ihren Müll zu sammeln. Im Schlafzimmer lag das Bett voller Kleidungsstücke, neben dem Bett waren über 60 leere Alkoholflaschen, und der Boden war wieder voller Zeitungen, und überall lagen achtlos weggeworfene, benutzte Taschentücher. Als ich das hörte, habe ich abends nur geheult und mir immer wieder gesagt: „Sie hat nichts gelernt, sie hat einfach nichts gelernt!“ Wenn ich bis dato noch eine Spur von Mitgefühl für sie hatte, so starb dieser Funken in dem Moment, als ich von der Wohnung hörte. Obwohl ich immer gesagt hatte, es sei mir egal, was sie in ihrer Wohnung tue, war das ein sehr schwerer Schlag für mich. Wie konnte sie so dumm sein, eine Wohnung, die sie neu bezogen hatte, wieder so verkommen zu lassen? Hatte sie überhaupt keinen Stolz, uns zu beweisen, daß sie aus ihren Fehlern gelernt hatte? Fühlte sie sich nur wohl, wenn sie Müll um sich hatte? Schämte sie sich nicht, wenn fremde Leute, bedingt durch diese Situation, jetzt in ihre Wohnung mußten?
Das Tante Hilde tatsächlich in Erwägung zog, ihrer Schwester die Wohnung wieder sauberzumachen, tat mir sehr weh. Ich versuchte ihr zu erklären, daß es mich tief verletzen würde, wenn sie der Frau, die mir soviel Leid zugefügt hatte, jetzt wieder einmal helfen würde. Ich gab ihr zu bedenken, daß Anni bisher immer im Leben jemanden hatte, der ihr alles wieder in Ordnung gebracht hatte und ihr auch dieses Mal wieder alles abgenommen werden würde. Mit ihren 55 Jahren würde sie es dadurch niemals wieder schaffen, eine Wohnung sauberzuhalten und darauf hoffen, daß in ein paar Jahren wieder jemand dasein wird, um ihr den Dreck wegzuräumen. Zunächst redete meine Tante sich damit heraus, daß man ihr lediglich das Schlafzimmer soweit saubermachen wollte, damit sie zumindest in ihrem Bett schlafen konnte. Anni mußte nämlich seit Jahren auf der Couch geschlafen haben, da, wie erwähnt, das Bett komplett im Müll unterging. Jetzt konnte man sich auch an fünf Fingern abzählen, daß der Körper einen solchen Raubbau nicht

lange mitmacht und irgendwann dafür die Quittung präsentiert. Anni hatte früher jahrelang im Sitzen geschlafen, in dieser Wohnung fast ausschließlich auf der Couch, und daß diese beiden Faktoren für eine Wirbelsäule Gift sind, kann man sich lebhaft vorstellen. Ich sehe es weniger als eine Strafe, sondern lediglich als eine vorhersehbare Entwicklung ihrer jetzigen Querschnittslähmung. Dafür kann Anni ausnahmsweise niemanden verantwortlich machen, denn normalerweise sucht sie immer die Schuld bei anderen und niemals bei sich selbst.
Nachdem wir also jetzt auch wußten, daß ihr Schlafzimmer voller leerer Alkoholflaschen war, schien es ganz offensichtlich, daß Anni ein Alkoholproblem hatte. Wir fragten sie daraufhin nochmals im Krankenhaus, ob sie wirklich nicht viel getrunken habe. Diesmal antwortete sie: „Ich habe höchstens drei Gläser Sekt und zwei Gläser Wein getrunken." Tante Hilde erwiderte daraufhin: „Merkst du eigentlich nicht, daß es immer mehr werden? Zunächst waren es zwei Gläser Sekt, dann drei Gläser, und jetzt erzählst du uns, daß du auch noch Wein getrunken hast." Anni wurde daraufhin ungehalten und meinte: „Ich bin deshalb kein Alkoholiker. Wenn ich wirklich ein Alkoholiker wäre, würden meine Hände doch jetzt zittern!" Uns war natürlich klar, daß ein Alkoholiker niemals zugeben würde, daß er trank, und darum glaubten wir ihr nicht. Sie wurde jedoch sehr still, als wir ihr sagten, daß bei der Blutuntersuchung im ersten Krankenhaus doch sicherlich einwandfrei festgestellt worden war, wie hoch ihr Alkoholspiegel zum Zeitpunkt der Einlieferung gewesen ist.
Mit einem Male fielen uns verschiedene Situationen ein, denen wir bisher keine große Beachtung geschenkt hatten. Als ich noch sehr klein war, habe ich Anni des öfteren über der Kloschüssel hängen sehen, weil sie so viel getrunken hatte, daß sie sich übergeben mußte. Wenn ich sie dann fragte, warum sie so viel trank, wenn sie sich anschließend schlecht fühlte, antwortete sie: „Die anderen haben mir immer wieder mein Glas gefüllt, ich wollte eigentlich nichts mehr trinken!"
Schon solange ich denken kann, zitterten die Hände von Anni derart, daß zum Beispiel ein Blatt in ihrer Hand immer in Bewegung war. Sie kommentierte die Szene dann jedesmal mit: „Ach, was bin ich wieder ruhig!" Natürlich fragte ich mich schon als Kind, warum ihre Hände ständig zitterten, aber irgendwann hatte ich mich auch daran gewöhnt. Vor etwa einem dreiviertel Jahr hatte ich mich mit ihr vor ihrer Haustüre verabredet, und ich war geschockt, als sie torkelnd auf mich zukam und nicht mehr klar sprechen konnte. Ich stellte sie zur Rede, und sie beschwichtigte die Sache damit, daß sie auf einer Betriebsfeier etwas zuviel getrunken hatte. Es ekelte mich an, sie so zu sehen, und ich sagte ihr: „Mach, daß du hochkommst, und schlaf deinen Rausch aus." Wie wir weiterhin erfuhren, lag sie ein anderes Mal volltrunken vor der

Türe ihrer Nachbarin, weil sie es nicht mehr bis in den ersten Stock in ihre Wohnung geschafft hatte. Die Nachbarin brachte sie dann hoch und wollte sie in ihr Bett legen, aber - siehe da - sie wollte unbedingt auf der Couch schlafen. So voll sie auch war, sie hatte nicht vergessen, daß ihr Schlafzimmer nicht mehr begehbar war, und beharrte darauf, ins Wohnzimmer gebracht zu werden.

Mit einem Mal hörten wir von allen Seiten, daß jeder den Eindruck gehabt hatte, daß Anni trinken würde - sogar von Leuten, die Anni nur vom Ansehen kannten. Wir können es zwar selbst nicht ganz glauben, aber sie muß schon damit angefangen haben, als ich noch sehr klein war. Schon mein Vater fragte damals: „Trinkt die Anni?" Da wir aber keinerlei Flaschen gefunden haben, als mein Zimmer vom Müll befreit wurde, schenkten wir dem keine Beachtung. Die Mutter von Andrea sagte mir ebenfalls erst jetzt, daß sie schon damals Hinweise bemerkte, aus denen sie schloß, daß Anni trank, aber sie konnte es mir unmöglich sagen, denn ich war schließlich noch klein, und das hätte mich sehr belastet.

Manch einer versuchte die mögliche Ursache für ihre Sucht und das Sammeln von Müll darin zu sehen, daß sie sich einsam fühlte. Dazu kann ich nur sagen, wenn alle Menschen, die alleine leben, so handeln würden, hätten wir eine Menge Alkoholiker, deren Wohnung einer Müllkippe gleicht. Wenn sie sich wirklich so einsam fühlte, so trieb sie sich nur noch tiefer in diese Situation, denn so konnte sie noch nicht einmal jemanden zu sich einladen. Natürlich tat es ihr mittlerweile leid, daß ihre eigene Tochter nichts von ihr wissen wollte, aber hatte sie sich ernsthaft einmal gefragt, warum ich mich so verhalte? Wenn sie bei meiner Cousine war und sah, welch tolles Verhältnis sie mit ihrem Sohn hatte, so wurde Anni oft nachdenklich und meinte: „Du hast es gut, daß du dich so toll mit deinem Sohn verstehst." Meine Cousine machte ihr dann klar: „Anni, das hättest du auch haben können, aber du wolltest ja immer unabhängig sein, und jetzt siehst du, wohin dich das gebracht hat." Wenn sie wirklich bewiesen hätte, daß sie ihre Wohnung sauberhalten kann, hätte sich unser Verhältnis gegebenenfalls auch geändert, aber so hat sie selbst alle Brücken hinter sich abgebrochen. Sie wollte immer ihre Unabhängigkeit und lebte sie auch, und damit mußten Tante Hilde und ich uns abfinden. Wenn sie zum Beispiel Besuch hatte und wir fragten: „Wer ist es denn?", bekamen wir entweder zur Antwort: „Kennst du nicht" oder: „Bekannte". Sie war uns gegenüber immer verschlossen und machte aus allem ein großes Geheimnis. Wir jedoch im Gegenzug mußten alles ganz genau erzählen, sonst reagierte sie beleidigt.

Nach all dem, was wir auf einmal erfahren hatten, war es mir zuwider, sie weiterhin im Krankenhaus zu besuchen. Es kostete mich große Überwindung, wenn ich sie zum Beispiel füttern sollte. Dabei war ich darauf bedacht, nicht mit ihr in Berührung zu kommen und wusch mir danach die Hände. Natürlich lag der Grund dafür hauptsächlich zum einen darin, daß ich wußte, wie sie wieder einmal gehaust hatte, und zum anderen, daß die Körperpflege bei ihr immer noch sehr, sehr kleingeschrieben wurde. Als sie nämlich an einem Tag von einer Schwester gefragte wurde, ob sie duschen wolle, antwortete sie: „Nein, ich habe ja gestern geduscht!" Dazu ist mir wirklich nichts mehr eingefallen, aber bei ihr wunderte mich schon lange nichts mehr!
Der eigentliche Auslöser, weshalb ich dann auch nicht mehr zu ihr ins Krankenhaus ging - sie kam kurz darauf ohnehin in die Reha-Klinik -, war folgender: Als ich bei ihr war, erzählte sie mir von dem Telefonat, das sie gerade mit einer Kollegin geführt hatte. Anni hatte sie gefragt, ob ihre Arbeitskraft denn jetzt nicht fehlen würde, da doch bestimmt viel zu tun sei. Daraufhin erwiderte ich: „Die Arbeit ist jetzt völlig unwichtig. Es zählt alleine, daß du wieder gesund wirst." Sie begann zu weinen und sagte mit tränenerstickter Stimme: „Ich kann nichts dafür, ich denke eben immer nur an andere!" Als sie das sagte, glaubte ich, sie hätte mir eine Ohrfeige gegeben. (Ein guter Freund hätte jetzt gesagt: „Da habe ich fast ins Essen gebrochen!") Sie besaß die Unverfrorenheit und sagte mir - ausgerechnet mir -, sie würde immer nur an andere denken! Was erlaubte sie sich eigentlich. Ich hätte sie am liebsten gepackt und so lange windelweich geschlagen, bis sie sich ihrer Schuld bewußt war, aber ich konnte darauf noch nicht einmal etwas entgegnen. Ich war wie vor den Kopf geschlagen. Das Witzige an der ganzen Sache war allerdings, daß sie wirklich alles für *andere* getan hatte, wobei die Betonung auf andere liegt, denn für ihre eigene Tochter oder die Familie hatte sie sich noch niemals ein Bein ausgerissen. Sie hat auch ihr Leben lang nie einen Ratschlag ihrer Familie angenommen, sondern immer nur von „Freunden, die es schließlich wissen mußten".

Etwa einen Monat später verlegte man sie dann in eine Reha-Klinik, die circa eineinhalb Stunden entfernt liegt. Dort habe ich sie kein einziges Mal besucht, weil mich absolut nichts mehr mit dieser Frau verbindet. Die Tatsache, daß ich sie dort nicht besuchte, machten mir verschiedene *Freunde* von Anni regelrecht zum Vorwurf. Ich bekam in dieser Zeit Anrufe, in denen ich zunächst gefragt wurde: „Wie geht es der Mutti?" Schon allein bei dem Wort „Mutti" ist bei mir eine Sicherung durchgebrannt! Wenn ich von ihr spreche, dann überhaupt nur als „Anni" oder „die Frau, die mich geboren hat", aber nie als „Mutter", denn das war sie in keiner Weise. Warum tat auf einmal jeder so, als hätte ich das unglaubliche Glück, diese Frau meine Mutter nennen zu dürfen? Hatten sie alle vergessen, wie sie in all den Jahren mit mir umgegangen war? Verlangten sie tatsächlich, daß, nur weil eine Krankheit dazwischenkam, ich jetzt alles vergessen und für sie dasein sollte? Am liebsten hätte ich mir in diesen Momenten alles von der Seele geschrien, aber was hätte das gebracht? Hätte man mir überhaupt Glauben geschenkt, da diese Geschichte eigentlich unglaublich war? Zumindest hinterließen diese Gespräche einen fahlen Nachgeschmack, denn man hatte versucht, mir ein schlechtes Gewissen einzureden, aber das ließ ich nicht zu. Ich wußte, daß ich zu Beginn alles getan hatte, um sie in guten Händen zu wissen, aber das hätte ich für jeden anderen Menschen auch getan. Es geschah hauptsächlich, damit ich mir später in die Augen sehen und keine Vorwürfe machen konnte, sie im Stich gelassen zu haben, als sie wirklich jemanden brauchte.

Tante Hilde hat Anni des öfteren angerufen und sie dann schließlich auch einmal mit einer meiner Cousinen besucht, weil sie einfach wissen wollten, ob Anni tatsächlich so viel tat, um gesund zu werden, wie sie immer behauptete. Wenn beide bisher mit ihr gesprochen hatten, erzählte Anni von ihren täglichen Anwendungen und zusätzlichem Fahrradfahren und Schwimmen. Und wie erwartet, war das Gegenteil der Fall! Als meine Tante einer Krankenschwester die Frage stellte: „Tut die Frau König auch genug?", bekam sie ein müdes Lächeln und die Antwort: „Fragen Sie sie doch selbst!" Damit war alles gesagt, und wir hatten die Bestätigung, daß sie immer noch nicht begriffen hatte, in welcher Situation sie sich befand. Anni erzählte auch immer von den Fortschritten der anderen Patienten, die ebenfalls alle querschnittsgelähmt waren, aber sie war noch immer nicht in der Lage, ein Telefon allein zu bedienen! Die anderen Patienten hatten ganz einfach einen eisernen Willen, wieder gesund zu werden, und dieser Wille fehlte Anni, soviel stand fest.
Als sie dann mit ihr in die Cafeteria gingen und Anni in einem Rollstuhl saß, den sie mit ihren Beinen vorwärtsbewegen mußte, meinte sie dann nach ein paar Metern, daß ihre Beine schmerzen würden. Das Ende vom Lied war dann, daß Tante Hilde ihren Stuhl anschob!
Wenn ich in einer solchen Situation wäre, würde ich alles Menschenmögliche daransetzen, mich wieder selbst versorgen zu können. Ich empfände es erniedrigend, wenn mich jemand füttern müßte und - das Schlimmste überhaupt - wenn ich bei jedem Gang zur Toilette auf fremde Hilfe angewiesen wäre und mich nicht alleine waschen könnte. Keine freie Minute würde vergehen, ohne daß meine Arme und Beine in Bewegung blieben. Aber aus welchem Grund auch immer beläßt sie es bei den täglichen Anwendungen. Im Gegenteil, sie spricht lediglich da-

von, daß sie später eine Hilfe bekommt, und arbeiten, nein, das könne sie ohnehin nie wieder! Ich glaube - und da liege ich wohl zu 99% goldrichtig -, ihr reicht es völlig, sich wieder einigermaßen helfen zu können und dann den ganzen Tag vor dem Fernseher zu sitzen, zu rauchen, zu trinken und den lieben Gott einen guten Mann sein zu lassen, wie man so schön sagt. Ich kenne sie wohl gut genug und weiß, daß sie damit völlig zufrieden wäre. Natürlich würde sie dann ihre Freunde und Bekannten und - wenn es möglich wäre - auch meine Tante für eventuelle Einkäufe in Anspruch nehmen, denn das könnte sie ja dann *(Gott sei Dank)* nicht mehr.

Besonders schlimm traf mich in dieser Zeit die Nachricht, daß eine gleichaltrige Sportkameradin in meinem Studio an einer bösen und seltenen Krebsart verstarb. Als sie mir völlig offen von ihrer Krankheit erzählte und wir uns noch kein halbes Jahr vor ihrem Tod in die Arme fielen, weil sie frei von Metastasen war, planten wir scherzhaft, gemeinsam an Bodybuildingmeisterschaften teilzunehmen. Es ging ihr zunächst auch besser, so daß wir einige Male gemeinsam trainierten - bis sie dann nicht mehr kam. Es hat mich sehr getroffen, und es tut mir unendlich leid, daß ich sie nicht früher kennengelernt habe. Als ich von ihrem Tod erfuhr, empfand ich es als eine zum Himmel schreiende Ungerechtigkeit, daß hier ein sehr junger Mensch - bis zuletzt voller Lebenswillen, Hoffnung und Zuversicht - sterben mußte, und auf der anderen Seite gab es Menschen, die ihr Leben wegwarfen. Wo blieb da noch die Gerechtigkeit?
Aber: Alles hat seinen Sinn, auch wenn wir es nicht sofort begreifen können.

Ich weiß nicht, wie sich der Heilungsprozeß von Anni entwickelt, und ehrlich gesagt, es interessiert mich auch nicht mehr. Sie hat uns immer wieder bewiesen, daß sie sich niemals ändern wird, und ich sehe es auch nicht als meine Aufgabe an, einer 55jährigen Frau beizubringen, wie man eine Wohnung sauber hält und mit seinen Mitmenschen umgeht.
Ich lebe mein eigenes Leben und versuche, diesen Teil meines Lebens zu nutzen, indem ich aus den Fehlern, die diese Frau gemacht hat, nur gelernt habe.

Epilog

Schon seit vielen Jahren hatte ich das Bedürfnis, mir endlich einmal alles von der Seele zu reden. Ursprünglich hatte ich immer vor, mich mit Anni zusammenzusetzen und mit ihr über alles Geschehene zu sprechen. Ich schob es immer wieder auf, denn jedesmal, wenn ich zu ihr gehen wollte, dachte ich, daß es ohnehin nichts bringen würde. Anni hätte nicht zugehört, und vor allem, sie hätte mich nicht verstanden. Aber was noch viel schlimmer gewesen wäre: Sie hätte alles abgestritten. In all den Jahren habe ich immer gehofft, sie würde auf mich zukommen und zumindest versuchen, mir zu erklären, warum sie mich damals in eine solche Situation gebracht hat. Die Tatsache, daß sie niemals einen solchen Versuch unternommen hat, kann und werde ich ihr nicht verzeihen. Auf der anderen Seite wäre dies ein Schuldeingeständnis gewesen, und wer gibt schon gerne freiwillig seine Fehler zu?

Außerdem wollte ich allen Freunden und Bekannten, die jemals gewagt haben zu behaupten: „So schlimm kann es doch nicht gewesen sein", zeigen, es war so schlimm. Es ist mir immer wieder unbegreiflich, wie sich jemand anmaßen kann, das, was ich erlebte, herunterzuspielen, obwohl dieser Person das gesamte Hintergrundwissen fehlt.

Ich bin müde, mich vor anderen für die Einstellung, die ich Anni gegenüber habe, rechtfertigen zu müssen. Auf keinen Fall wollte ich mit diesem Buch zeigen: „Seht her, was ich für ein armes Kind war!" Natürlich hatte ich zahlreiche schmerzliche Erfahrungen, aber sie waren Teil meines Lebens, und letztendlich bin ich durch meinen Onkel und meine Tante für alles entschädigt worden. Ich bin dankbar dafür, daß es mir gut geht, und für alles, was ich im Leben erreicht habe. Nichts wird von mir als selbstverständlich hingenommen, und ich versuche immer, mir aus allem das Positive herauszuziehen.

Dies ist mein ganz persönlicher Weg, das Erlebte zu verarbeiten, und ich habe oft mit mir gekämpft, ob ich ihn gehen sollte. Es war jedoch meine einzige Chance, endlich zur Ruhe zu kommen und dieses Kapitel meines Lebens endgültig abzuschließen.